해커스공무원

영문법
합격생 필기노트

해커스

영문법 합격생 필기노트만의 특별한 장점

1 공무원 영어 핵심 영문법을 쉽고 빠르게 학습!

방대한 영문법 이론 중 공무원 영어 시험에 출제되는 핵심 포인트들만 선별하여 제시함으로써 공무원 영문법 학습 시간을 경제적으로 줄여줍니다. 제시된 문법 예문들 또한 핵심 포인트가 가장 잘 드러나는 쉬운 문장으로 이루어져 있어, 쉽고 빠르게 영문법을 학습할 수 있습니다.

2 다양한 학습 요소들을 통한 효과적이고 효율적인 학습!

반드시 학습 및 암기해야 할 내용과 포인트들은 '형광펜', '빨간색 글씨'로 표시하고, 중요도는 별 아이콘으로 표시하였으며, 핵심 포인트들과 관련된 심화 개념은 '고득점 추가 포인트'로 한눈에 보기 좋게 정리하여 혼자 학습하거나 복습할 때도 주요 포인트에 집중하며 효율적으로 학습할 수 있습니다.

3 포인트별 퀴즈로 빈틈없는 학습 점검!

문법 포인트 아래에 있는 퀴즈를 풀어보며 앞서 학습한 문법 내용을 문제에 적용해 보고 자신의 이해도를 점검할 수 있습니다. 또한, 모든 퀴즈에 대한 상세한 해석 및 해설이 PDF로 제공되어 헷갈리거나 틀린 포인트도 빈틈없이 학습할 수 있습니다.

4 핵심문법 빈칸노트로 빈칸을 채우며 영어 문법 완벽 암기!

본문에서 반드시 암기해야 할 주요 개념들을 빈칸으로 처리하여 학습한 내용을 손쉽게 확인하고 완벽하게 암기할 수 있습니다.

5 공무원 영어 인강 할인 쿠폰 제공!

실전에서 통하는 문법의 기술을 알려주는 공무원 영어 선생님들의 강의와 함께 학습하면 공무원 영문법을 더 쉽고 빠르게 정복할 수 있습니다.

영문법 합격생 필기노트만의 알찬 구성

방대한 문법 내용의 핵심을 표로 도식화하여
효율적인 학습이 가능한 핵심문법 포인트

추가/심화 개념을 담아 난도 높은
문제에 대비하는 고득점 추가 포인트

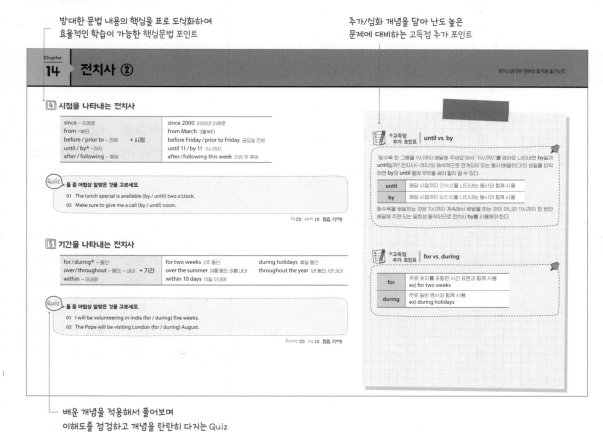

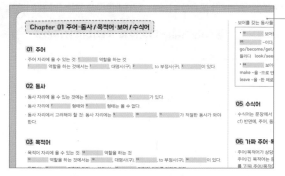

부록
복습 효과를 높여주는
채우면서 암기하는 핵심문법 빈칸노트

PDF
상세한 해석·해설을 담은
챕터별 퀴즈 해설집 PDF

배운 개념을 적용해서 풀어보며
이해도를 점검하고 개념을 탄탄히 다지는 Quiz

＊다운로드 경로: 해커스공무원(gosi.Hackers.com) → 교재·서점 → 무료학습자료

☞ 교재에 사용된 다음 표시를 알아두면 학습이 편리합니다.

빨간색 글씨	주황색 글씨	형광펜	☆☆☆☆
핵심 암기 포인트	추가로 학습하면 좋은 포인트	반드시 학습해야 하는 내용	중요도가 높은 포인트(별 1-5개)

CONTENTS

➕ 채우면서 암기하는 핵심문법 빈칸노트(부록)

📄 챕터별 퀴즈 해설집(PDF) - 해커스공무원 (gosi.Hackers.com)

 tip! 더 자세한 개념 설명을 보고 싶거나 실전 문제를 풀어보고 싶다면 〈해커스공무원 영어 문법〉 교재를 함께 학습해 보세요. 해커스공무원 영어 기본서와 필기노트는 챕터 구성이 동일하여 연계 학습이 편리합니다.

① 주어(S)

1. 주어 자리에 올 수 있는 것: 명사 역할을 하는 것

	설명	예시
명사(구)	사람이나 사물, 추상적 개념 등을 모두 가리키는 말	car 자동차, people 사람들
대명사(구)	명사를 대신하여 쓰는 말	he 그, she 그녀, it 그것
동명사(구)	'동사원형 + -ing' 형태, 동작의 의미 포함, 과거 지향적 의미	drinking milk 우유를 마시는 것
to 부정사(구)	'to + 동사원형' 형태, 동작의 의미 포함, 미래 지향적 의미	to become a leader 지도자가 되는 것
명사절	'that + S + V' 형태, 어떠한 사실을 주로 나타냄 완전한 절	that I don't like watermelon 내가 수박을 좋아하지 않는다는 사실

↳ that 이외에도 명사절을 이끄는 다양한 것들
이 있지만 우선은 that부터 알아두자.

② 동사(V)

1. 동사 자리에 올 수 있는 것

	설명	예시
be동사	주어의 상태를 나타내는 동사, '~이다/(상태가) ~하다'로 해석	is, am, are, was, were
㉒동사	동사의 의미를 도와주는 동사, '조동사 + 동사원형' 형태로 사용	can, may, will, should …
일반동사♣	be동사와 조동사를 제외한 나머지 동사	walk 걷다, drink 마시다, see 보다 …

2. 동사 자리에 올 수 없는 것

'동사원형 + -ing'♣ 형태와 'to + 동사원형'♣ 형태는 동사와 비슷하게 생겼지만 절대로 동사 자리에 올 수 없다.

3. 동사 자리에서 고려해야 할 것

↳ 수는 단수/복수, 태는 능동태/수동태, 시제는 과거/현재/미래 시제 등을 나타낸다.
해당 개념은 추후 자세히 배울 예정이니, 1회독 중이라면 지금은 신경 쓰지 않아도 된다!

동사 자리에는 수, 태, 시제 가 적절한 동사가 와야 한다.

✚고득점 추가 포인트 | 일반동사의 분류

일반동사는 '자동사'와 '타동사'로 나뉠 수 있는데, 자동사는 목적어를 필요로 하지 않는 동사, 타동사는 목적어를 반드시 필요로 하는 동사이다. 자세한 설명은 추후 'Chapter 02 동사의 종류(문장의 형식)'에서 확인할 수 있으며, 현재는 이와 같은 개념이 있다는 것만 알고 넘어가자!

✚고득점 추가 포인트 | '동사원형 + -ing'와 'to + 동사원형': 준동사

'동사'에 '준한다'라는 의미로 '준동사'라고 한다.

준동사	동사
동사의 성질 O	동사의 성질 O
동사의 자리 X	동사의 자리 O

준동사도 동사의 성질을 가지므로, 동사처럼 '목적어/보어'를 갖거나 '부사'의 수식을 받을 수 있다.

ex) drinking milk(우유를 마시는 것), drinking fast(빨리 마시는 것)
    　　　　　목적어　　　　　　　　　　　　　부사

③ 목적어(O)

1. 목적어 자리에 올 수 있는 것: 명사 역할을 하는 것 (*주어와 동일)

	설명	예시
명사(구)	모든 것들을 지칭하는 말	car 자동차, people 사람들
대명사(구)	명사 대신에 쓰는 말	him 그, her 그녀, it 그것
동명사(구)♣	'동사원형 + -ing' 형태, 동작의 의미 포함, 과거 지향적 의미	drinking milk 우유를 마시는 것
to 부정사(구)♣	'to + 동사원형' 형태, 동작의 의미 포함, 미래 지향적 의미	to become a leader 지도자가 되는 것
명사절	'that + S + V' 형태, 어떠한 사실을 주로 나타냄 완전한 절	that I don't like watermelon 내가 수박을 좋아하지 않는다는 사실

→ that 이외에도 명사절을 이끄는 다양한 것들이 있지만 우선은 that부터 알아두자.

④ 보어(C): 보충 설명해 주는 단어

1. 보어 자리에 올 수 있는 것: 명사 역할을 하는 것 + 형용사 역할을 하는 것

명사 역할을 하는 것	명사(구), 대명사(구), 동명사(구), to 부정사(구), 명사절
형용사 역할을 하는 것	형용사, 분사

2. 보어의 종류

	설명	예시
주격 보어(S.C)	주어를 보충 설명해 주는 말	I am happy. 나는 행복하다. → 주격 보어 happy가 주어 I의 상태를 보충 설명
목적격 보어(O.C)	목적어를 보충 설명해 주는 말	Tom makes me happy. Tom은 나를 행복한 상태로 만든다. → 목적격 보어 happy가 목적어 me의 상태를 보충 설명

♣ **고득점 추가 포인트** | 동명사와 to 부정사의 차이

	동명사	to 부정사
차이점	과거 지향적 의미	미래 지향적 의미
예문	I remembered finishing the book. 나는 그 책을 다 읽은 것을 기억했다. → 과거에 했던 일을 기억함	I remembered to finish the book. 나는 그 책을 다 읽을 것을 기억했다. → 미래에 할 일을 기억함

MEMO

3. 주격 보어/목적격 보어를 갖는 동사

주격 보어를 갖는 동사	be ~이다, ~이 되다 keep 계속해서 ~하다 remain 여전히 ~이다, 계속 ~이다 go / become / get / grow / turn / run / fall ~한 상태가 되다 smell ~한 냄새가 나다 sound ~하게 들리다 look / seem / appear ~처럼 보이다 taste ~한 맛이 나다 feel ~처럼 느끼다 → 오감동사♣
목적격 보어를 갖는 동사	make ~을 -으로 만들다 think ~을 -이라고 생각하다 believe ~을 -이라고 생각하다 leave ~을 -한 채로 남겨두다 keep ~을 계속 -하게 하다 find ~을 -이라고 생각하다 consider ~을 -이라고 고려하다

⑤ 수식어

수식어는 문장에 부가적인 의미를 더해 주며, 문장에서 필수적이지 않은 부가 성분이다.

필수 요소	주어, 동사, 목적어, 보어
필수 요소 X	수식어 → 수식어는 구문 분석 시 버려주기

· I ate a hamburger yesterday. 나는 어제 햄버거를 먹었다.
　S　V　　O　　　　수식어

→ yesterday는 주어 / 동사 / 목적어 / 보어에 속하지 않는 부가 성분인 수식어이므로 구문 분석 시 버려준다.

⑥ 가짜 주어·목적어 구문

1. 가짜 주어/가짜 목적어 it 구문♣

긴 주어나 긴 목적어를 만드는 것에는 동명사 / to부정사 / that절이 있다.
'to 부정사 / that절'이 '주어 / 목적어' 자리에 오는 경우 가짜 주어 / 목적어를 사용한다.

① 주어 / 목적어가 상당히 길고 ② 주격 / 목적격 보어가 있을 때, ③ 주어 / 목적어 자리에 it을 대신 넣고 ④ 원래의 긴 주어 / 긴 목적어 는 문장 뒤로 보낸다. 이때 it을 '가짜 주어 / 목적어', 원래의 긴 주어 / 목적어를 '진짜 주어 / 목적어'라고 한다.

· To get up early is easy. → It is easy to get up early. 일찍 일어나는 것은 쉽다.
　to 부정사 주어　주격 보어　가주어 it　　진짜 주어

· I find to get up early easy. (X) → I find it easy to get up early. (O) 나는 일찍 일어나는 것이 쉽다고 생각한다.
　to 부정사 목적어　목적격 보어　가목적어 it　진짜 목적어

♣고득점 추가 포인트 | 오감동사

오감동사란 감각을 느끼는 것과 관련된 동사들을 말한다.
cf 지각동사: 오감동사와 달리 인간의 의지가 반영된다

sound(오감)	의지와 상관없이 들리는 것
hear(지각)	의지로 듣는 것

♣고득점 추가 포인트 | 가짜 주어/가짜 목적어 it 구문에서 '동작의 주체(의미상 주어)'를 표현하는 방법

① 가짜 주어 it 구문에서 의미상 주어 나타내기
· It is difficult to get up early. 일찍 일어나는 것은 어렵다.
: 일찍 일어나는 것이 '누구'에게 어려운지 동작의 주체에 대한 내용 X
· It is difficult for her to get up early. 그녀가 일찍 일어나는 것은 어렵다.
→ 일반적으로 전치사 for를 사용해 동작의 주체를 나타냄

· It is kind to say so. 그렇게 말하는 것은 친절하다.
: 그렇게 말해서 친절한 것이 '누구'인지 동작의 주체에 대한 내용 X
· It is kind of her to say so. 그녀가 그렇게 말하는 것은 친절하다.
→ 사람의 성격 / 성품을 나타낼 때는 전치사 of를 사용해 동작의 주체를 나타냄

② 가짜 목적어 it 구문에서 의미상 주어 나타내기
· The rainy weather made it impossible to go on a picnic.
비 오는 날씨가 소풍을 갈 수 없게 만들었다.
: 비 오는 날씨가 누구를 소풍에 갈 수 없게 만들었는지 주체에 대한 내용 X
· The rainy weather made it impossible for my family to go on a picnic.
비 오는 날씨가 우리 가족이 소풍을 갈 수 없게 만들었다.
→ 일반적으로 전치사 for를 사용해 동작의 주체를 나타냄

2. 가짜 주어 there⁺ 구문

가짜 주어 there 구문은 '~이 있다'를 뜻하며 'there + 동사 + 진짜 주어(명사)' 형태를 이룬다. there 구문의 동사는 진짜 주어에 수 일치시킨다.

> **There + 동사 + 주어**
> ~이 있다

· **There (is, are) five students in my class.** 내 학급에 다섯 명의 학생이 있다.
→ 진짜 주어(five students: 복수)에 맞추어 동사의 수(are: 복수 동사) 일치

· **There (remain, remains) enough space.** 충분한 공간이 남아 있다.
→ 진짜 주어(enough space: 단수)에 맞추어 동사의 수(remains: 단수 동사) 일치

Quiz 보기 중 어법상 알맞은 것을 고르세요.

01 There (is / are) a tree that has stood for over 100 years.

02 There (have / has) been controversy over smoking bans for years.

03 He noticed that there (was / were) differences.

Quiz 정답 01 is 02 has 03 were

⁺고득점 추가 포인트 | **there 유도부사**

· 유도부사: 바로 뒤에 동사가 오도록 유도해 주는 부사 ∴ 'there + V + S' 어순

· there 출제 포인트: 'there + V + S' 어순에서 주어와 동사의 수 일치

· 유도부사 there와 자주 함께 쓰이는 동사: be(있다), remain(남아 있다), exist(있다/존재하다)

MEMO

_____

_____

_____

_____

_____

_____

_____

02 동사의 종류(문장의 형식) ①

1 문장의 5형식

형식	문장구조
1형식	주어 + 1형식 자동사
2형식	주어 + 2형식 자동사 + 주격 보어
3형식	주어 + 3형식 타동사 + 목적어
4형식	주어 + 4형식 타동사 + (간접) 목적어 + (직접) 목적어
5형식	주어 + 5형식 타동사 + 목적어 + 목적격 보어

2 1형식

1. 1형식 구조 = 주어 + 1형식 자동사

· Birds / fly. 새들이 난다.

· A problem / happened. 하나의 문제가 발생했다.

· The sun / rises / in the east. 태양은 동쪽에서 뜬다.
　　　　　　　　　수식어구✚

2. 빈출 1형식 자동사

arise from 형태로 사용 (= originate from)

'발생하다' 동사	happen 발생하다　　occur 발생하다　　arise 발생하다　　take place 발생하다
'나타나다' 동사	emerge 나타나다　　appear 나타나다
기타 빈출 동사	lie✚ 눕다　sit 앉다　　work 효과가 있다　　do 충분하다 matter 중요하다　　count 중요하다　　last 지속되다　　rank (등급을) 차지하다

· ↔ disappear 사라지다
· appear는 2형식 자동사로도 쓰이며, 이때는 '~처럼 보이다'라는 의미

seat 태 ~를 앉히다

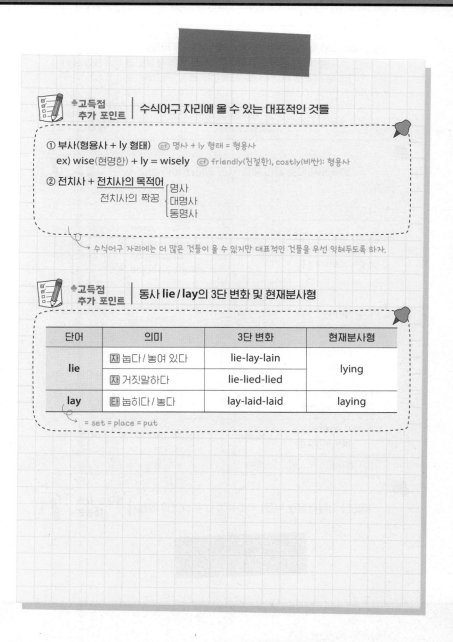

고득점 추가 포인트 | 수식어구 자리에 올 수 있는 대표적인 것들

① 부사(형용사 + ly 형태) 참 명사 + ly 형태 = 형용사
　ex) wise(현명한) + ly = wisely 참 friendly(친절한), costly(비싼): 형용사
② 전치사 + 전치사의 목적어
　　　　전치사의 짝꿍 { 명사 / 대명사 / 동명사

↳ 수식어구 자리에는 더 많은 것들이 올 수 있지만 대표적인 것들을 우선 익혀두도록 하자.

고득점 추가 포인트 | 동사 lie / lay의 3단 변화 및 현재분사형

단어	의미	3단 변화	현재분사형
lie	자 눕다 / 놓여 있다	lie-lay-lain	lying
	자 거짓말하다	lie-lied-lied	
lay	타 눕히다 / 놓다	lay-laid-laid	laying

= set = place = put

3. 특정 전치사와 자주 쓰이는 1형식 자동사♣

to	☆ agree to ~에 동의하다	belong to ~에 속하다	object to ~에 반대하다	reply to ~에 답하다
for	☆ account for ~을 설명하다/차지하다	arrange for ~을 계획하다	look for ~을 찾다	wait for ~을 기다리다
with	agree with ~에게 동의하다	comply with ~을 따르다, 준수하다	☆ cooperate with ~와 협동하다	deal with ~을 다루다
from	differ from / suffer from ~과 다르다/ ~로부터 고통받다	refrain from ~을 삼가다	☆ 결과 result from 원인 결과가 원인으로부터 발생하다	arise from ~으로부터 발생하다
in	engage in ~에 참여/관여하다	participate in ~에 참여하다	☆ 원인 result in 결과 원인이 결과를 낳다	succeed in ~에 성공하다
of	approve of ~을 허락하다	☆ consist of ~으로 구성되다	dispose of ~을 처리하다	think of ~을 생각하다

♣고득점 추가 포인트 │ 특정 전치사와 자주 쓰이는 1형식 자동사들의 동의어

어휘	동의어	어휘	동의어
object to	타 oppose, resist	deal with	자 cope with 타 handle, address
reply/ respond to	타 answer	suffer	자 고통받다 = be subjected to 타 ~을 경험하다 = experience, go through
account for	① 설명하다 = 타 explain ② (수/양) 차지하다 = 타 take up	원인 result in 결과	원인 lead to 결과, 원인 contribute to 결과
comply with	자 abide by, adhere to, conform to 타 observe, follow, obey	consist of	자 be made up of, be composed of 타 comprise, constitute

③ 2형식

1. 2형식 구조 = 주어 + 2형식 자동사 + 주격 보어♣

- She / is / a <u>doctor</u>. 그녀는 의사이다. (명사 a doctor = 주어 she)
- She / is / <u>beautiful</u>. 그녀는 아름다운 상태이다. (형용사 beautiful이 주어 she의 상태를 설명)

2. 빈출 2형식 동사

'~이다/되다' 동사	be ~이다　　become ~이 되다
오감 동사	**seem** ~처럼 보이다　**feel** ~처럼 느끼다　**sound** ~처럼 들리다 **look** ~처럼 보이다　**smell** ~한 냄새가 나다　**taste** ~한 맛이 나다 **appear** ~처럼 보이다

- She / became / a teacher. 그녀는 선생님이 되었다.

♣고득점 추가 포인트 │ 주격 보어 자리에 오는 것에 따른 주어와의 관계

명사 역할을 하는 것	주어와 동격이다.	형용사 역할을 하는 것	주어의 상태를 설명한다.
☆ to 부정사	주어와의 관계를 따지지 않고 앞에 온 동사가 to 부정사를 보어 로 취한다는 것을 기억한다. '동사 + to 부정사'를 하나의 숙어 로 기억할 것! ex) <u>seem/appear</u>/<u>prove/turn out</u>/<u>come/get</u> + to 부정사 　　~처럼 보이다　　~임이 판명되다　　~하게 되다		

4 3형식

1. 3형식 구조 = 주어 + 3형식 타동사 + 목적어

- She / saw / the movie. 그녀는 영화를 보았다.
- Jessica / likes / pizza. Jessica는 피자를 좋아한다.
- He / (~~participated~~ / attended) / the meeting. 그는 회의에 참석했다.
  - 자동사   타동사
- He / (~~replied~~ / ~~responded~~ / answered) / the e-mail. 그는 이메일에 답장했다.
  - 자동사   자동사   타동사

2. 빈출 3형식 타동사

discuss	explain	address	greet
~에 대해 토론하다	~에 대해 설명하다	~을 부르다/다루다	~에게 인사하다
resemble	join	accompany	survive♣
~와 닮다	~와/~에 합류하다	~와 함께하다	~보다 오래 살다/살아남다
attend	inhabit	obey	affect
~에 참석하다	~에 살다	~에 복종하다	~에 영향을 미치다

자 take part in = partake in = participate in   자 live in = dwell in = reside in

 Quiz 어법상 맞는 문장은 O, 틀린 문장은 X를 표시하고, 틀린 부분을 바르게 고치세요.

01 My team should discuss about the issue. (   )

02 I resemble like my father in appearance. (   )

03 Soldiers obey to orders without questioning authority. (   )

04 Environmental disasters effected everyone. (   )

Quiz 정답 01 X, discuss about → discuss   02 X, resemble like → resemble   03 X, obey to → obey   04 X, effected → affected

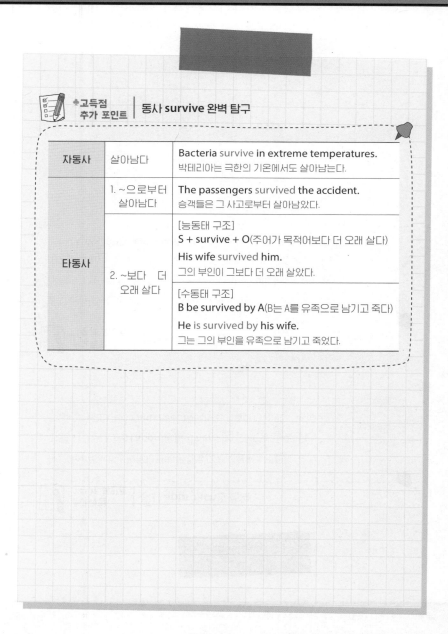

✏ 고득점 추가 포인트 | 동사 survive 완벽 탐구

자동사	살아남다	Bacteria survive in extreme temperatures. 박테리아는 극한의 기온에서도 살아남는다.
타동사	1. ~으로부터 살아남다	The passengers survived the accident. 승객들은 그 사고로부터 살아남았다.
	2. ~보다 더 오래 살다	[능동태 구조] S + survive + O(주어가 목적어보다 더 오래 살다) His wife survived him. 그의 부인이 그보다 더 오래 살았다.
		[수동태 구조] B be survived by A(B는 A를 유족으로 남기고 죽다) He is survived by his wife. 그는 그의 부인을 유족으로 남기고 죽었다.

3. 특정 전치사와 어울리는 3형식 타동사

박탈/제거(of)	rid, rob, deprive	+ A of B	A에게서 B를 빼앗다
재료/공급(with)	present, provide, supply furnish, endow, entrust	+ A with B	A에게 B를 제공하다
억제/금지(from)	prevent, keep, deter stop, ban, bar, hinder prohibit, inhibit, discourage	+ A from ⓑ ↑ -ing 형태	A가 B하는 것을 막다

⑤ 혼동하기 쉬운 자동사와 타동사

1. 의미가 비슷해서 혼동하기 쉬운 자동사와 타동사

의미	자동사 + 전치사		타동사	
말하다	speak to/about	converse with	tell	mention
	talk to/about	account for	discuss	explain
답하다	respond to	reply to	answer	–
반대하다	object to	rebel against	oppose	resist
기타	arrive at/in ~에 도착하다	participate in ~에 참여하다	reach ~에 도착하다, 닿다	☆☆approach♣ ~에 다가가다
	agree with/to ~에 동의하다	wait for ~을 기다리다	enter♣ ~에 들어가다	resemble ~을 닮다
	complain about ~에 대해 불평하다	–	contact ~에게 연락하다	marry ~와 결혼하다

- She (~~arrived~~ / arrived at) the airport two hours before his flight came in.
  그녀는 그의 비행편이 도착하기 2시간 전에 공항에 도착했다.
- We will (contact / ~~contact to~~) you within five to seven days. 우리는 5일에서 7일 이내에 당신에게 연락할 것이다.

★고득점 추가 포인트 | 동사 approach의 쓰임

동사 approach는 타동사와 자동사로 모두 사용될 수 있다.
① 타 다가가다 ex) I approached her. 나는 그녀에게 다가갔다.
② 자 다가오다 ex) Winter approaches. 겨울이 다가온다.

★고득점 추가 포인트 | 동사 enter의 쓰임

동사 enter는 타동사와 자동사로 모두 사용될 수 있다.
① 타 + 장소 명사: ~에 들어가다 ex) enter the building 건물에 들어가다
② 자 + into + 추상 명사: ~에 참여하다, ~에 관여하다/개입하다
   ex) enter into negotiations 협상에 관여하다

02

★★☆ / ★★★ 2. 형태가 비슷해서 혼동하기 쉬운 자동사와 타동사

자동사	타동사
lie – lay – lain 눕다, 놓여 있다 lie – lied – lied 거짓말하다	lay – laid – laid ~을 놓다, 두다
sit – sat – sat 앉다	seat – seated – seated ~을 앉히다
rise♣ – rose – risen 떠오르다	raise♣ – raised – raised ~을 모으다, 올리다

 Quiz 둘 중 어법상 알맞은 것을 고르세요.

01 Dr. Han (raised / rose) money for medical research.

02 After the match, the boxer (lay / laid) on the floor.

Quiz 정답 01 raised 02 lay

6 4형식

1. 4형식 구조 = 주어 + 4형식 타동사 + 목적어 1 + 목적어 2
I.O(간.목) ~에게   D.O(직.목) ~을/를

· She / gave / me / a pen. 그녀가 나에게 펜을 주었다.

· Kim / sent / me / a letter. Kim이 나에게 편지를 보냈다.

· He / offered / me / the job. 그가 나에게 일자리를 제안했다.

☆
· She / (mentioned / informed) / me / that a problem occurred. 그녀는 문제가 생겼다는 것을 나에게 알려주었다.
　　3형식 타동사　　4형식 타동사
　　[특수 4형식 타동사] ⟶ 특수 4형식 타동사에 관한 설명은 바로 다음 페이지의
　　　　　　　　　　　　　　　4형식 타동사의 종류 설명을 참고하자!

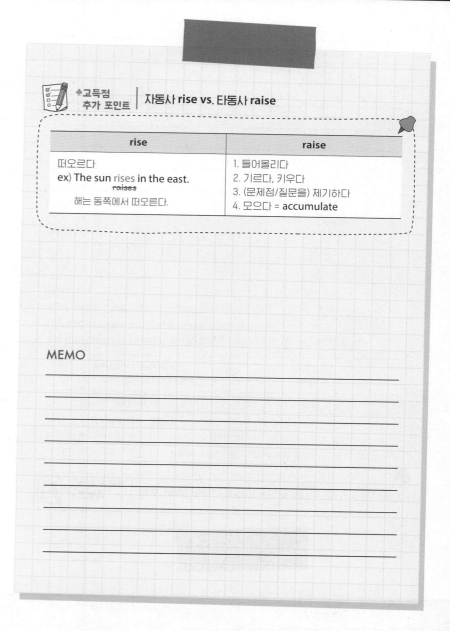

♣고득점 추가 포인트 | 자동사 rise vs. 타동사 raise

rise	raise
떠오르다 ex) The sun rises in the east. 　　　　　rises 해는 동쪽에서 떠오른다.	1. 들어올리다 2. 기르다, 키우다 3. (문제점·질문을) 제기하다 4. 모으다 = accumulate

MEMO

2. 4형식 타동사의 종류

분류	형태	동사 예시		
기본 4형식 타동사	4형식 타동사 + 명사 + 명사	give 주다 grant 허락하다 award 수여하다	send 보내주다 charge 부과하다 issue 발행해 주다	offer 제공하다 cost 지불하게 하다
☆ 특수 4형식 타동사	4형식 타동사 + 명사 + that절 사람(~에게)	~에게 -을 말하다: tell ~에게 -을 알리다: inform, notify, remind ~에게 -을 확신시키다: assure, convince ~에게 -을 약속하다: promise ~에게 -을 경고하다: warn		

Quiz 둘 중 어법상 알맞은 것을 고르세요.

01 I'm writing to (announce / inform) you that your order has been confirmed.

02 Mr. Lee (mentioned / informed) that the company will expand its business.

03 The security guards (notified / mentioned) to us that we should take precautions.

04 Jerry (told / announced) to his wife that he wanted to buy a new car.

Quiz 정답 01 inform 02 mentioned 03 mentioned 04 announced

3. 4형식 문장 → 3형식 전환

4형식 문장(S + V + 간접 목적어 + 직접 목적어)을 3형식으로 전환하면 'S + V + 직접 목적어(~을/를) + 전치사 + 간접 목적어 (~에게)' 순서가 되며, 전환 시에는 동사에 따라 알맞은 전치사를 사용한다.

☆ 4형식 → 3형식 전환 시 각 동사와 함께 쓰이는 전치사			
to(이동)	give 주다	lend 빌려주다	bring 가져오다	tell 말하다
	send 보내다	show 보여주다	offer 제공하다	owe 빚지다
for(생성)	buy 사다	make 만들다	choose 선택하다	prepare 준비하다
of(요구/요청)	ask 요청하다	demand 요구하다	inquire 요구하다	require 요구하다

✒ **고득점 추가 포인트**　특수 4형식 타동사와 의미가 비슷하지만 3형식인 동사들

아래의 3형식 동사들은 특수 4형식 타동사들과 의미가 비슷하지만 동사 바로 뒤에 '~에게'를 의미하는 사람명사가 아닌 that절이 온다. '~에게'라는 의미를 더해주기 위해서는 '전치사(to) + 명사' 형태로 추가한다.

3형식 동사	의미
say / mention / announce explain / describe	말하다 설명하다

ex) Kim said that she wanted to buy a car. Kim은 차를 사고 싶다고 말했다.

　　Kim said (me̶ / to me) that she wanted to buy a car.

　　Kim은 내게 차를 사고 싶다고 말했다.

MEMO

· She / <u>gave</u> / me / five dollars. [4형식] → She / gave / five dollars / to me. [3형식] 그녀가 내게 5달러를 주었다.

   → 3형식으로 전환 시 이동의 의미를 지닌 동사(give)와 함께 쓰이는 전치사 to가 알맞게 사용되었다.

· I / <u>sent</u> / two letters / (~~for~~ / to) her. 나는 그녀에게 두 통의 편지를 보냈다.

   → 이동의 의미를 지닌 동사(send)와 함께 쓰이는 전치사 to가 사용되었다.

· I / <u>demanded</u> / a pay raise / (~~to~~ / of) my boss. 나는 상사에게 임금 인상을 요구했다.

   → 요구/요청의 의미를 지닌 동사(demand)와 함께 쓰이는 전치사 of가 사용되었다.

7 5형식

1. 5형식 구조 = 주어 + 5형식 타동사 + 목적어 + 목적격 보어

                                        ~을/를   -로서

· The news / <u>made</u> / me / (happy / ~~happily~~). 그 뉴스가 나를 행복한 상태로서 만들었다.
                                  형용사   부사

· He / <u>considers</u> / the man / a hero. 그는 그 남자를 영웅으로서(영웅이라고) 생각한다.

· Justin / <u>calls</u> / his father / captain. Justin은 그의 아버지를 대장으로서(대장이라고) 부른다.

2. 5형식 동사의 종류

■ 목적격 보어 자리에 명사/형용사를 취하는 동사

make 만들다 think 생각하다 believe 생각하다 ☆ ⓛeave ~한 상태로 놔두다 ⓚeep ~한 상태로 유지시키다 find 생각하다 consider 여기다	+ O(목적어) ~을	+ O.C(목적격 보어) 명사 / 형용사

· <u>Leave</u> / me / alone. 나를 혼자 놔둬.

· I / <u>keep</u> / her / happy. 나는 그녀를 행복한 상태로 유지시킨다.

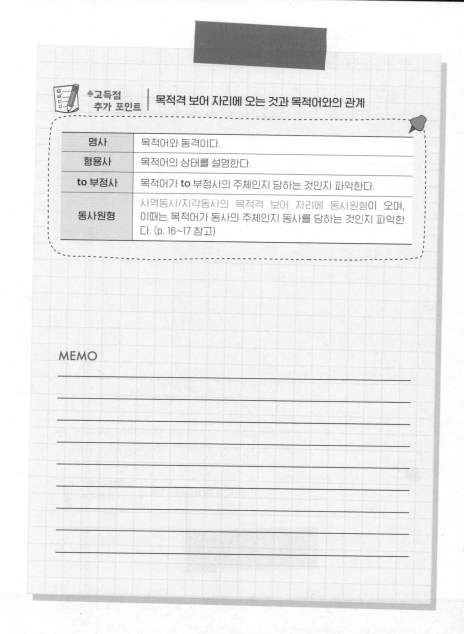

🖊️ **고득점 추가 포인트** | 목적격 보어 자리에 오는 것과 목적어와의 관계

명사	목적어와 동격이다.
형용사	목적어의 상태를 설명한다.
to 부정사	목적어가 to 부정사의 주체인지 당하는 것인지 파악한다.
동사원형	사역동사/지각동사의 목적격 보어 자리에 동사원형이 오며, 이때는 목적어가 동사의 주체인지 동사를 당하는 것인지 파악한다. (p. 16~17 참고)

MEMO

_____

_____

_____

_____

_____

_____

_____

_____

■ **목적격 보어 자리에 to 부정사를 취하는 동사**

want 원하다 need 필요하다			
force 강요하다 compel 강요하다		+ to + 동사원형 ~하도록	→ O/O.C 관계가 능동일 때
tell 말하다			
ask 요청하다 require 요구하다 request 요청하다	+ O (목적어) ~가		
get 시키다 cause 시키다, 원인을 제공하다 lead 시키다, 이끌다 encourage 시키다, 부추기다		+ to be p.p. ~되도록	→ O/O.C 관계가 수동일 때
expect 기대하다, 예상하다			

· I / expected / her / to wash the car. 나는 그녀가 세차하도록 기대했다.

· I / expected / my car / (~~to wash~~ / to be washed). 나는 내 차가 세차되도록 기대했다.

■ **목적격 보어 자리에 동사원형을 취하는 동사 – ① 사역동사**

make 만들다		+ 동사원형 ~하도록	→ O/O.C 관계가 능동일 때
have 시키다, 겪다	+ O (목적어) ~가	+ p.p. ~되도록	→ O/O.C 관계가 수동일 때
let 허락해 주다		단, let은 O/O.C 관계가 수동일 때 p.p.가 아닌 be p.p.를 사용!	

↳ have는 드물게 '겪다'라는 의미로 사용되기도 한다!
  ex) I had my mom die last night.
  나는 어젯밤에 어머니가 돌아가시는 것을 겪었다.

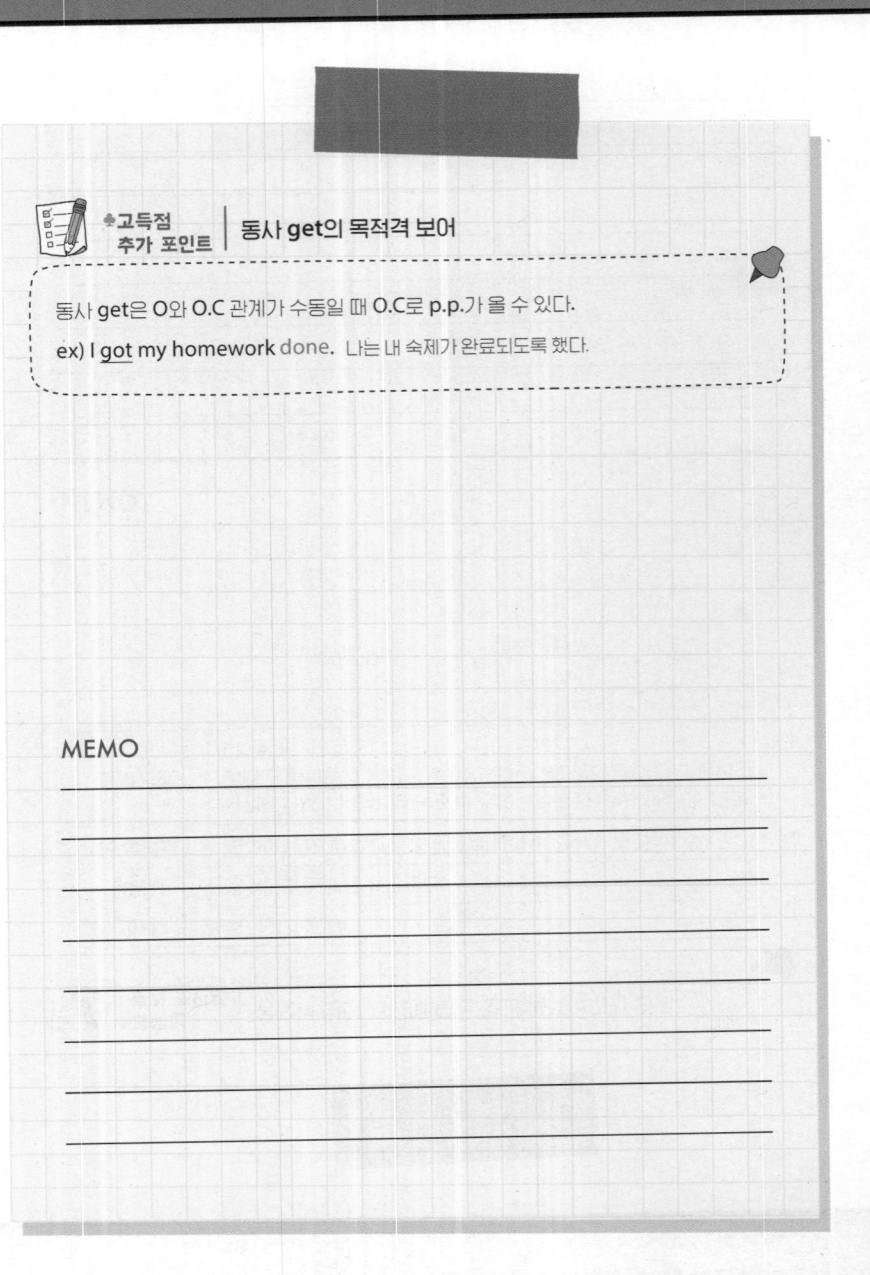

📝 **⭐고득점
추가 포인트** | **동사 get의 목적격 보어**

동사 get은 O와 O.C 관계가 수동일 때 O.C로 p.p.가 올 수 있다.
ex) I got my homework done. 나는 내 숙제가 완료되도록 했다.

MEMO

_____

_____

_____

_____

_____

- I <u>made</u> her solve the problem. 나는 그녀가 문제를 해결하도록 만들었다.

- I <u>made</u> the problem (~~solve~~ / solved). 나는 문제가 해결되도록 만들었다.

- I <u>had</u> my car (~~wash~~ / washed). 나는 내 자동차가 세차되도록 했다.

- I <u>had</u> him wash the car. 나는 그가 그 차를 세차하도록 시켰다.

- I <u>let</u> her take a trip to China. 나는 그녀가 중국으로 여행을 가도록 허락해 주었다.

- Don't <u>let</u> me be misunderstood. 나를 오해하지 마. (내가 오해되도록 허락하지 마.)

■ 목적격 보어 자리에 동사원형을 취하는 동사 - ② ☆지각동사

보다 see, look at, watch, notice		+ ① 동사원형 ~하는 것을 → 단순 능동
듣다 hear, listen to	+ O(목적어) ~가	+ ② 동사 + ing ~하고 있는 것을 → 능동 진행
느끼다 [feel], perceive		+ ③ p.p. ~되는 것을 → 수동

- I watched her (sing / singing). 나는 그녀가 노래 부르는 것을/노래 부르고 있는 것을 보았다.
  동사원형 동사+ing

feel은 오감동사와 지각동사로 모두 쓰일 수 있는데, 이때 오감동사인지
지각동사인지 구별하기 위해서는 문장의 구조를 보면 된다!

Quiz ▸ 보기 중 어법상 <u>알맞은 것을 모두</u> 고르세요.

01 I saw him (sleep / sleeping / slept) during the class.

02 I heard the song (sing / singing / sung) by my mom.

Quiz 정답 01 sleep, sleeping 02 sung

MEMO

동사의 종류(문장의 형식) ⑩

8 목적어 뒤에 as나 to be를 갖는 동사

1. 목적어 뒤에 'as + 명사'를 취하는 동사 - '간주하다'류의 3형식 동사

| consider ~을 -으로 여기다
regard ~을 -으로 여기다
describe ~을 -으로 묘사하다 / -이라고 말하다
define ~을 -으로 정의하다
identify ~을 -으로 확인하다
refer to ~을 -이라고 부르다
think of ~에 대해 -이라고 생각하다
conceive of ~을 -이라고 생각하다 | + O(목적어) | + as + 명사 |

· Most people today <u>describe</u> the cell phone as an essential item.
오늘날 대부분의 사람들은 휴대 전화를 필수적인 물건이라고 말한다.

2. 목적어 뒤에 '(to be) + 명사·형용사'를 취하는 동사

| consider ~을 -으로 여기다
think ~이 -이라고 생각하다
believe ~이 -이라고 믿다
certify ~이 -이라고 보증하다 | + O(목적어) | + (to be) + 명사·형용사 |

· The early Greeks <u>believed</u> the earth (to be) flat. 초기 그리스인들은 지구가 평평하다고 믿었다.

MEMO

1 단수 주어에는 단수 동사, 복수 주어에는 복수 동사

단수 주어 + 단수 동사	→	**A bird + sing**s.
복수 주어 + 복수 동사		**Bird**s **+ sing.**

> 동사에 s가 붙으면 단수,
> 명사에 s가 붙으면 복수
> (서로 반대!)

Quiz 둘 중 어법상 알맞은 것을 고르세요.

01 My digital watch (beep / beeps) hourly.

02 Our muffins (is / are) more delicious than any other muffins around here.

03 Running for hours (make / makes) me drink lots of water.

04 What they found (was / were) an old stamp collection.

05 Three days (is / are) plenty to finish a painting.

06 There (remain / remains) much work to be done in the field of cancer research.

07 The researchers in this laboratory (study / studies) a genetic map.

Quiz 정답 01 beeps 02 are 03 makes 04 was 05 is 06 remains 07 study

---

✚고득점 추가 포인트 | 주어 자리에 올 수 있는 요소 + 짝꿍 동사

	주어 + 짝꿍 동사	
1	명사	+ 단수 / 복수 동사
2	대명사	+ 단수 / 복수 동사
3	동명사	
4	to 부정사 항상 단수 취급!	+ 단수 동사
5	that절	
6	단위명사	+ 단수 동사
7	집합명사	+ 단수 / 복수 동사

· 단위명사: 무게, 길이, 기간, 가격 등의 숫자 명사구 주어 + 단수 동사
  ex) Three hours (~~are~~ / is) enough to finish the homework.
      세 시간은 숙제를 끝내기에 충분하다.

· 집합명사: 하나의 집단을 의미할 경우 → 단수 취급
             집단 개개인의 구성원들을 의미할 경우 → 복수 취급

· 집합 명사 목록

  family 가족   team 팀   staff 직원   class 학급   audience 청중
  committee 위원회   crowd 무리   crew 승무원

  ex) **All my family** enjoy dancing. 나의 가족 모두는 춤추는 것을 즐긴다.
      → 가족 구성원들을 개별적으로 봄(복수 취급)

      His family was about to arrive. 그의 가족은 곧 도착할 예정이다.
      → 가족을 하나의 덩어리/집단으로 봄(단수 취급)

② 수량 표현, 부분·전체 표현을 포함한 주어와 동사의 수 일치

1. 단수 취급 수량 표현 + 단수 동사 / 복수 취급 수량 표현 + 복수 동사

단수 취급 수량 표현 (+ 단수 동사)	복수 취급 수량 표현 (+ 복수 동사)
one / each / every / another + 가산 단수 명사	many / multiple / numerous / various / several + 가산 복수 명사
the number of ♣ / one of / either of / neither of	a number of ♣
some / any / no / every X thing / body / one	a range of / a variety of / a diversity of / a series of / a selection of / a couple of + 가산 복수 명사
many a(n) + 단수 명사 cf) many + 복수 명사 + 복수 동사 ex) Many a car (is / are) on the street. 많은 차들이 길 위에 있다.	few ♣ / both

참고로 -thing, -body, -one으로 끝나는 명사는 형용사가 명사를 뒤에서 수식한다. ex) I want to drink something cold.

2. 부분·전체를 나타내는 of 뒤 명사와 동사의 수 일치

기수 (분자) = one, two, three …
서수 (분모) = first, second, third …
ex) 3분의 1(1/3) = one-third

부분·전체를 나타내는 표현	all, none, most, some, half the rest, 분수, portion, percent	+ of	+ 단수 명사 + 단수 동사
			+ 복수 명사 + 복수 동사

→ of 뒤의 명사의 수에 동사의 수를 맞춘다.

· All of the information (~~have~~ / has) to be changed, since it is not correct.
그것이 정확하지 않기 때문에 모든 정보가 변경되어야 한다.

· Half of all Internet users (use / ~~uses~~) the search engine. 인터넷 사용자의 절반이 그 검색 엔진을 사용한다.

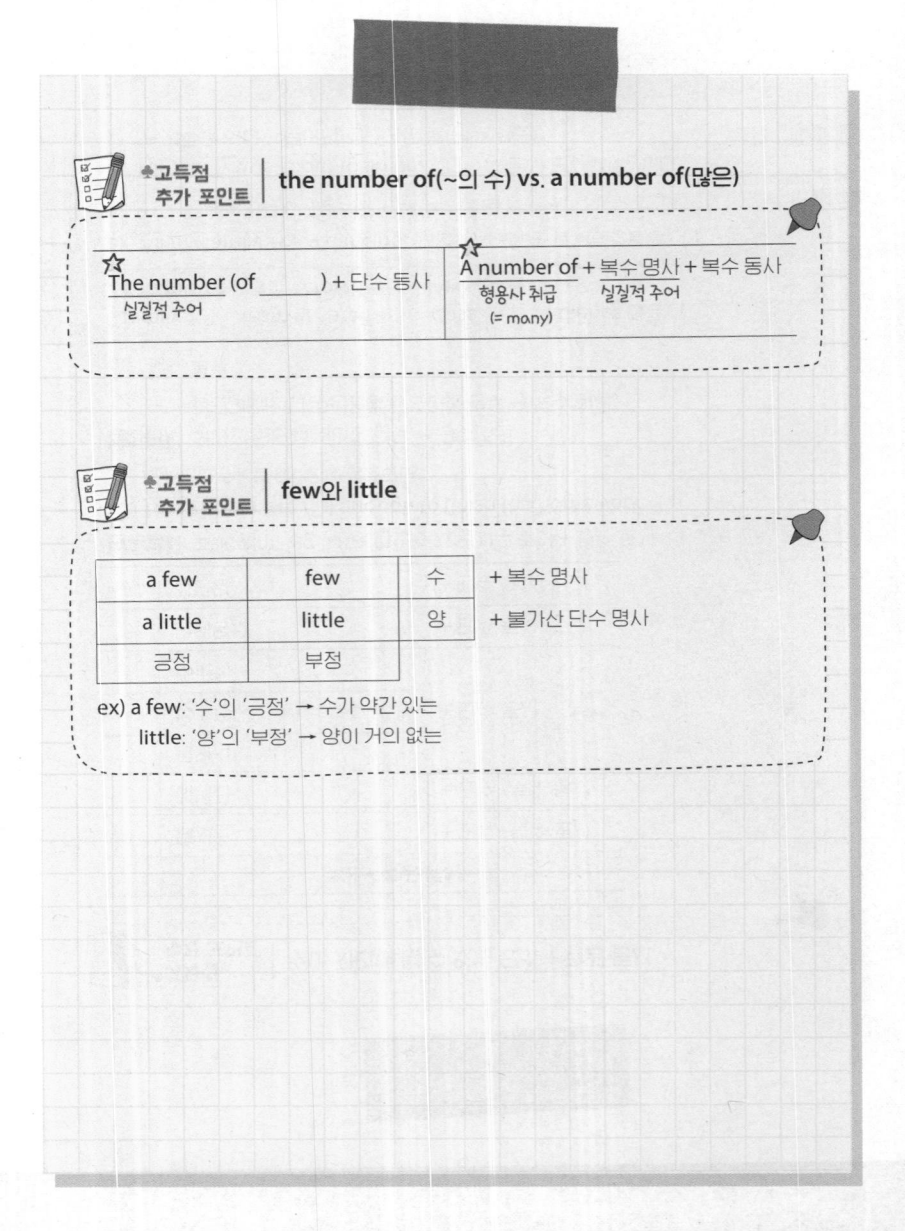

고득점 추가 포인트 | the number of(~의 수) vs. a number of(많은)

☆ The number (of _____) + 단수 동사 실질적 주어	A number of + 복수 명사 + 복수 동사 형용사 취급 (= many) 실질적 주어

고득점 추가 포인트 | few와 little

a few	few	수	+ 복수 명사
a little	little	양	+ 불가산 단수 명사
긍정	부정		

ex) a few: '수'의 '긍정' → 수가 약간 있는
little: '양'의 '부정' → 양이 거의 없는

Quiz 둘 중 어법상 알맞은 것을 고르세요.

01 The number of cars (is / are) increasing.

02 A number of tourists (visit / visits) the Modern Art Museum every year.

03 Many a girl (was / were) surprised by the news.

04 Half of the tuition (is / are) covered by the scholarship.

Quiz 정답 01 is 02 visit 03 was 04 is

③ (상관) 접속사로 연결된 주어와 동사의 수 일치

1. and로 연결된 주어(A and B): 복수 취급

A and B A와 B	+ 복수 동사
Both A and B A와 B 둘 다	

- Water and sunshine (~~is~~ / are) essential for plants. 물과 햇빛은 식물에 필수적이다.
- Both the buses and the trains are running late. 버스와 기차 둘 다 늦고 있다.

2. or / nor로 연결된 주어(A or / nor B): B에 수 일치

A or Ⓑ A나 B	
Either A or Ⓑ A 또는 B 중 하나	+ Ⓑ의 수에 일치하는 동사
Neither A nor Ⓑ A도 B도 아닌	

- Either French fries or baked potato (~~are~~ / is) served with the entree. 감자튀김 또는 구운 감자가 메인 요리와 함께 제공된다.
- Neither my mom nor my friends (~~supports~~ / support) my decision. 나의 어머니도 나의 친구들도 내 결정을 지지하지 않는다.

3. 기타 접속사로 연결된 주어·동사의 수 일치

☆ Ⓐ as well as B B뿐만 아니라 A도	+ Ⓐ의 수에 일치하는 동사
not A but Ⓑ A가 아니라 B	+ Ⓑ의 수에 일치하는 동사
not only A but (also) Ⓑ A뿐만 아니라 B도	+ Ⓑ의 수에 일치하는 동사

- Marcy as well as her parents (~~prefer~~ / prefers) to eat at home.
  Marcy의 부모님뿐만 아니라 Marcy도 집에서 식사하는 것을 선호한다.
- Not only drought but also pests (~~causes~~ / cause) great damage to crops. 가뭄뿐만 아니라 해충도 농작물에 큰 해를 끼친다.

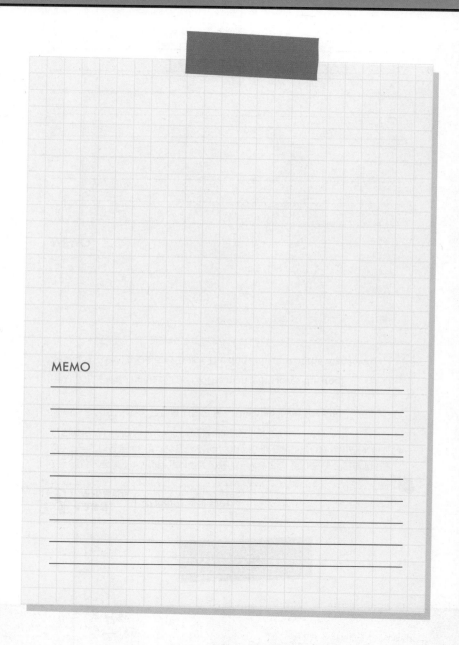

MEMO

4 주격 관계절*의 선행사와 동사의 수 일치

단수 선행사	+ 주격 관계대명사	+ 단수 동사
복수 선행사	(who / which / that)	+ 복수 동사

· She has <u>two daughters</u> who <u>make</u> her happy. 그녀는 그녀를 행복하게 하는 두 명의 딸이 있다.
       복수 선행사   복수 동사

Quiz 둘 중 어법상 알맞은 것을 고르세요.

01 They met their friend who (has / have) experience in their field.

02 People who (are / is) hopeful about the future are called optimists.

03 The train for commuters who (want / wants) to travel at night is currently running.

Quiz 정답 01 has 02 are 03 want

고득점 추가 포인트 | 관계절의 생성 원리

기존 문장으로부터 수식받는 명사구를 만들 때는 수식받는 명사를 맨 앞으로 가져오고 나머지는 그대로 둔 후, 명사와 남은 것(수식어) 사이에 관계대명사를 넣어준다. 이때 명사 뒤에 온 '관계대명사 + 수식어'를 관계절이라고 한다.

[완벽한 문장] 그 남자는 그 개를 사랑한다. = The man loves the dog.

[명사구 1] 그 개를 사랑하는 그 남자 = The man [who loves the dog]

[명사구 2] 그 남자가 사랑하는 그 개 = The dog [which/that the man loves]

MEMO

_____

_____

_____

_____

_____

_____

_____

_____

① 동사의 시제(12개 시제)

	과거	현재	미래
☆ 단순 시제	과거 시제	현재 시제	미래 시제
진행 시제	과거 진행 시제	현재 진행 시제	미래 진행 시제
☆ 완료 시제	과거 완료 시제	현재 완료 시제	미래 완료 시제
완료진행 시제	과거 완료진행 시제	현재 완료진행 시제	미래 완료진행 시제

② 단순 시제(현재/과거/미래)

1. 현재 시제♣

■ 현재 시제의 쓰임

습관적 / 반복적인 일 (현재 순간의 일 / 동작 묘사 X)	I study English every morning. 나는 매일 아침 (습관적으로/반복적으로) 영어 공부를 한다.
현재 상태 (현재 동작 X)	I live in Seoul with my parents. 나는 부모님과 서울에 살고 있다.
일반적 사실	Modern technology provides people with more free time. 현대 과학 기술은 사람들에게 더 많은 자유 시간을 제공한다.
과학적 사실	Water freezes at 0 degrees Celsius. 물이 섭씨 0도에서 언다.
현재 시점 표현과 짝꿍	He often takes long walks. 그는 종종 오래 산책한다. 현재 시점 표현: usually, always, often, each month(year), generally 등
☆ 시간 / 조건의 부사절♣ (시간/조건을 나타내는 부사절에서는 현재 시제가 미래를 대신함)	As soon as I (will get / get) home, I will take a shower. 나는 집에 도착하자마자 나는 샤워를 할 것이다. → 시간을 나타내는 부사절(as soon as)에서 미래를 나타내기 위해 현재시제 get이 쓰였다.

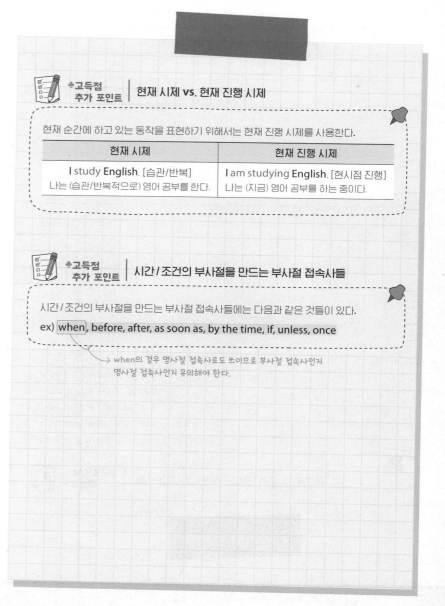

고득점 추가 포인트 | 현재 시제 vs. 현재 진행 시제

현재 순간에 하고 있는 동작을 표현하기 위해서는 현재 진행 시제를 사용한다.

현재 시제	현재 진행 시제
I study English. [습관/반복] 나는 (습관/반복적으로) 영어 공부를 한다.	I am studying English. [현시점 진행] 나는 (지금) 영어 공부를 하는 중이다.

고득점 추가 포인트 | 시간 / 조건의 부사절을 만드는 부사절 접속사들

시간 / 조건의 부사절을 만드는 부사절 접속사들에는 다음과 같은 것들이 있다.

ex) when, before, after, as soon as, by the time, if, unless, once

→ when의 경우 명사절 접속사로도 쓰이므로 부사절 접속사인지 명사절 접속사인지 유의해야 한다.

2. 과거 시제

■ 과거 시제의 핵심 개념: 과거는 과거일 뿐 현재와 연관 짓지 않는다! ☆

- I lost my wallet. 나는 내 지갑을 잃어버렸다.
  → 과거에 지갑을 잃어버렸다는 것을 나타낼 뿐 현재도 지갑을 잃어버린 상태인지 아닌지는 전혀 알 수 없다.

■ 과거 시제의 쓰임

과거의 동작 / 상태	I took a shower last night. 나는 어젯밤에 샤워를 했다.
역사적 사실	French colonists settled Louisiana in the 17th century. 프랑스 식민지 개척자들은 17세기에 루이지애나에 정착했다.
과거 시점 표현과 짝꿍	Joe went to the eye doctor last week . Joe는 지난주에 안과 진료를 받았다.

과거 시점 표현: yesterday / last + 시간 표현 / 시간 표현 + ago

3. 미래 시제

■ 미래 시제의 쓰임

미래 상황에 대한 예상	This summer will be very hot. 이번 여름은 매우 더울 것이다.
미래에 대한 의지	I will pass this exam. 나는 이 시험에 통과할 것이다.

■ 미래 시제의 형태

will + 동사원형 = be going to + 동사원형 ~할 것이다, ~할 작정이다	We will play basketball. 우리는 농구를 할 것이다. / 우리는 농구를 할 작정이다. = We are going to play basketball.

Quiz 둘 중 어법상 알맞은 것을 고르세요.

01 We will give you a full refund for your purchase once your defective item (arrives / will arrive).

02 When Mr. Green (moved / moves / will move) to New York in 2001, he began his career as an accountant.

03 I want to know when you (arrive / will arrive) in France tomorrow.

Quiz 정답 01 arrives 02 moved 03 will arrive

🔖 ♣고득점 추가 포인트 | '막 ~하려 하다'라는 의미의 미래 시제 표현

be about to 부정사: 막 to 부정사 하려 하다
= be on the brink of -ing 막 -ing 하려 하다
= be on the edge of -ing
= be on the verge of -ing
= be on the point of -ing

MEMO

_____

_____

_____

_____

_____

_____

_____

③ 진행 시제(현재진행 / 과거진행 / 미래진행)

1. 현재진행♣: 현시점에서 진행되고 있는 일을 표현 (is/am/are -ing 형태)

· The phone is ringing now. 지금 전화기가 울리고 있다.

2. 과거진행: 특정 과거 시점에 진행되고 있었던 일을 표현 (was/were -ing 형태)

· The rain was pouring when I woke up. 내가 일어났을 때 비가 퍼붓고 있었다.

3. 미래진행: 특정 미래 시점에 어떤 일이 진행되고 있을 것임을 표현 (will be -ing 형태)

· We will be swimming at this time tomorrow. 내일 이 시간쯤이면 우리는 수영하고 있을 것이다.

☆☆ 4. 진행 시제로 쓸 수 없는 동사

감정	love 좋아하다	like 좋아하다	prefer 선호하다	hate 싫어하다	surprise 놀라게 하다	satisfy 만족시키다
상태	be ~이다	belong 속하다	have 가지다	owe 빚지다	possess 소유하다	consist 구성하다
인지	believe 믿다	know 알다	see 알다	understand 이해하다	realize 깨닫다	remember 기억하다
감각	sound ~하게 들리다	look ~처럼 보이다	seem ~인 것 같다	appear ~인 것 같다	smell ~한 냄새가 나다	taste ~한 맛이 나다
기타	need 필요하다	agree 동의하다	deny 부인하다	promise 약속하다	want 원하다	wish 바라다

각 동사의 세부 분류를 암기하기보다는 해당 표 내에 있는 동사들 모두 '동작'이 아닌 '상태'를 나타내는 동사이므로 '진행 시제'로 사용이 불가하다는 것을 기억하자!

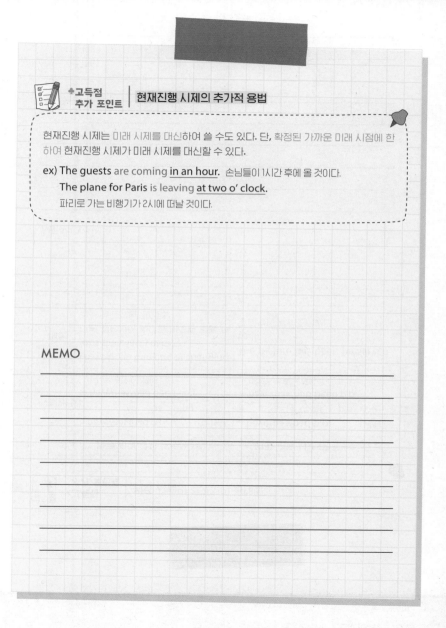

♣고득점 추가 포인트 | 현재진행 시제의 추가적 용법

현재진행 시제는 미래 시제를 대신하여 쓸 수도 있다. 단, 확정된 가까운 미래 시점에 한하여 현재진행 시제가 미래 시제를 대신할 수 있다.

ex) The guests are coming in an hour. 손님들이 1시간 후에 올 것이다.
The plane for Paris is leaving at two o' clock.
파리로 가는 비행기가 2시에 떠날 것이다.

MEMO
_____
_____
_____
_____
_____
_____
_____
_____

④ 완료 시제(현재완료 / 과거완료 / 미래완료)

1. 완료 시제 형태⬆

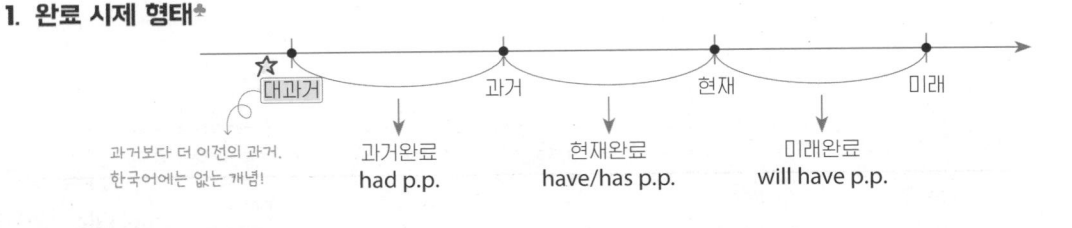

과거보다 더 이전의 과거.
한국어에는 없는 개념!

대과거	과거	현재	미래
	과거완료 had p.p.	현재완료 have/has p.p.	미래완료 will have p.p.

2. 현재완료 시제(have / has p.p.)

경험	과거 ─── 현재 (일회성)	I have been to Canada. ㏄ 경험을 나타낼 때는 부사 never, ever 등과 함께 쓰임 나는 캐나다에 가본 적이 있다.	
결과	과거 ─── 현재 (일회성)	I have lost my wallet. 나는 지갑을 잃어버렸고, 그 결과 현재까지도 나는 지갑이 없다. ㏄ I lost my wallet. 나는 지갑을 잃어버렸다. → 단순 과거 시제는 과거 시점 당시에 잃어버린 것만을 나타내며, 현재도 지갑을 잃어버렸는지 아닌지는 알 수 없다.	
계속	과거 ─── 현재 (연속성)	I have studied English. ㏄ I have been studying English. 나는 계속 영어를 공부해 오고 있는 중이다. 나는 계속 영어를 공부해 왔다. → 현재완료 시제와 동일한 의미를 나타내되, 현재완료 진행 시제가 조금 더 진행의 의미를 강조한다.	
완료	과거 ─── 현재 (연속성)	I have finished my project. ㏄ 완료를 나타낼 때는 부사 just, already, finally, now, lately, 나는 내 프로젝트를 마쳤다. recently 등과 함께 쓰임	

• I have never eaten at this restaurant before. [경험] 나는 이 식당에서 이전에 식사한 적이 없다.

• He has gone to New York. [결과] 그는 뉴욕에 가고 없다.

• She has played the piano since she was in elementary school. [계속] 그녀는 초등학생 때 이래로 계속 피아노를 연주해 왔다.

• We have just finished the first chapter. [완료] 우리는 막 첫 번째 챕터를 마쳤다.

㏄ 계속 vs. 완료
계속적 용법은 과거에 시작한 일을 현재에도 계속하는 것이고,
완료적 용법은 과거에 시작한 일이 방금 끝나서 현재 더 이상 할 필요가 없는 것

⬆**고득점 추가 포인트** | 완료 시제의 추가적인 형태들

	완료 진행 시제 (완료+진행)	완료 수동 시제 (완료+수동)
형태	have/has/had p.p. (완료) + be -ing (진행) = have/has/had been -ing (완료 진행 시제)	have/has/had p.p. (완료) + be p.p. (수동) = have/has/had been p.p. (완료 수동 시제)
예문	I have been thinking of changing jobs since last year. 나는 작년부터 직업을 바꾸는 것을 생각해 오고 있는 중이다.	The picture has been preserved well. 그 그림은 잘 보존되었다.

MEMO

3. 과거완료 시제(had p.p.)

■ 과거완료 시제의 쓰임

대과거 ~ 과거	대과거부터 과거 사이에 발생한 일 표현할 때 사용
☆ 대과거	특정 과거 시점보다 이전에 발생한 일을 표현할 때 사용 → 항상 기준점이 되는 과거 시점이 문장 내에 있어야 함

· She <u>had planned</u> to go on the picnic, but it <u>was canceled</u>.   그녀는 소풍을 가려고 계획했었지만, 그것은 취소되었다.
　　소풍이 취소된 시점보다 이전에 발생　　　　　　기준점이 되는 특정 과거 시점(소풍이 취소된 시점)

Quiz ■ 보기 중 어법상 알맞은 것을 고르세요.

01   By the time the bus finally arrived, we _____ waiting for over an hour.

① will have been   ② will be   ③ have been   ④ had been

④ 10 月段 zinÒ

☆ 4. 미래완료 시제(will have p.p.)

특정 미래 시점이 주어지고 동작/시간의 경과가 그 특정 미래 시점에서 완료될 경우 미래완료 시제를 사용한다.

· By the time Mr. Kim retires next March, he will have worked for the company for 20 years.

　Mr. Kim이 내년 3월에 은퇴할 때쯤이면, 그는 그 회사에서 20년 동안 일하는 것이 될 것이다.

Quiz ■ 보기 중 어법상 알맞은 것을 고르세요.

01   I _____ in this industry for 10 years by the end of this year.

① will have worked   ② have worked   ③ am working   ④ work

① 10 月段 zinÒ

MEMO

_____
_____
_____
_____
_____
_____
_____
_____

⑤ 시제 일치

1. 과거, 현재, 미래, 현재완료 시제와 자주 함께 쓰이는 표현들

과거	현재	현재완료	미래·미래완료
yesterday 어제 last + 시간 표현 지난 ~에 시간 표현 + ago ~전에 **by the time + 주어 + 과거 동사 ~했을 때쯤에**	usually 보통 always 항상 often 자주 each month(year) 매월(매년) generally 보통	yet 아직 so far 지금까지, 여태껏 since + 과거 시간 표현 ~ 이래로	tomorrow 내일 next + 시간 표현 다음 ~에 by/until + 미래 시간 표현 ~까지 ※ 단, until은 미래완료와 함께 쓰 이지 않는다. **by the time + 주어 + 현재 동사** ~할 때쯤에

By the time(~할 때쯤에)과 함께 쓰이는 시제 패턴

By the time S1 + V1,   S2 + V2
                1. 과거시제   had p.p.
                2. 현재시제   will have p.p.

- Joe went to the eye doctor last week. Joe는 지난주에 안과 진료를 받았다.

- By the time Monday comes around, I will have recovered from my cold.
  월요일이 올 때쯤이면, 나는 감기가 다 나아 있을 것이다.

2. 주절의 시제가 과거일 경우 → 종속절에는 주로 과거/과거완료⬆

- He said that he witnessed/had witnessed the criminal deed. 그는 범죄 행위를 목격했다고 진술했다.
  과거 시제(주절)   과거 시제/과거완료 시제(종속절)

⬆고득점 추가 포인트 | 주절에 과거완료 시제, 종속절에 과거 시제가 오는 특수구문

일반적으로는 주절에 과거 시제, 종속절에 과거/과거완료 시제가 오는 반면, 아래 구문
들은 반대로 주절에 과거완료 시제, 종속절에 과거 시제가 온다.

① '~하자마자 -하다' 구문

형태	Hardly/Scarcely + had + S1 + p.p. + before/when + S2 + 과거 시제 (S1이 ~하자마자 S2가 -했다)
예문	Hardly had we sat down when the lecturer started speaking. 우리가 앉자마자 강연자는 강연을 하기 시작했다.
특징	부정을 나타내는 부사 hardly/scarcely가 문두에 오면 주어와 동사가 도치된다.

'No sooner + had + S1 + p.p. + than + S2 + 과거 시제'도 동일한
의미를 지닌 표현이니 함께 알아두자!

② '~하기도 전에 -했다' 구문

형태	S1 + had not p.p., before/when + S2 + 과거 시제 (S1이 ~하기도 전에 S2가 -했다)
예문	The child had not finished the book before he fell asleep. 그 아이는 그 책을 다 읽기도 전에 잠이 들었다.

1 능동태·수동태의 구조와 쓰임

1. 능동태와 수동태 문장의 구조

능동태 문장의 목적어를 주어 자리로 보내고 동사 자리에 'be + p.p.'를 쓰면 수동태 문장이 된다.

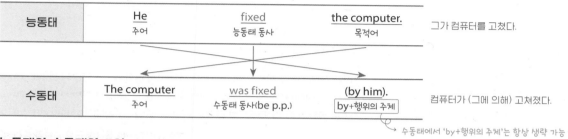

능동태	He 주어	fixed 능동태 동사	the computer. 목적어

그가 컴퓨터를 고쳤다.

수동태	The computer 주어	was fixed 수동태 동사(be p.p.)	(by him). by+행위의 주체

컴퓨터가 (그에 의해) 고쳐졌다.

↳ 수동태에서 'by+행위의 주체'는 항상 생략 가능

2. 능동태와 수동태의 쓰임

능동태	'주어가 ~하다'라는 의미로 주어가 행위의 주체일 경우 쓰임
수동태	'주어가 ~되다/당하다'라는 의미로 주어가 행위의 대상이 될 때 쓰임

3. 문장 형식별 수동태로의 전환

1 & 2형식 문장	문장에 목적어가 없음 → 수동태 문장을 만들 수 없음
3 & 4 & 5형식 문장	문장에 목적어가 있음 → 수동태 문장을 만들 수 있음

↳ 능동태 문장의 목적어가 수동태 문장의 주어가 되므로, 목적어가 없는 문장은 수동태가 될 수 없다.

☆ 4. 수동태로 쓸 수 없는 동사

↳ 수동태 형태의 틀린 선지로 자주 등장한다! 절대로 수동태 형태로는 쓰일 수 없으니 유의하자!

■ 자동사

remain ~인 채로 남아 있다	emerge 나타나다, 부상하다	arise 발생하다	appear 나타나다
occur 발생하다	happen 발생하다	rise 일어나다	belong 속하다
range 범위에 이르다	consist 이루어져 있다	result 결과로 생기다	wait 기다리다

cf disappear(사라지다)

MEMO

■ 타동사

resemble 닮다	cost (비용이) 들다	lack ~이 부족하다	fit ~에 맞다
become ~에 어울리다	suit 잘 맞다, 어울리다	let ~하게 하다	equal ~과 같다
befall ~에게 일어나다			

② 3형식 문장의 수동태

believe처럼 that절을 목적어로 갖는 3형식 동사들

say	believe	find	think
expect	consider	know	feel

	구조	예시
기본 3형식 문장의 수동태	주어 + be p.p. + (by + 행위의 주체)	A package was delivered (by the man). (그 남자에 의해) 소포가 배달되었다.
☆ that절을 목적어로 갖는 3형식 문장☆의 수동태	☆ It + be p.p. + that	They believe that the report is inaccurate. → It is believed that the report is inaccurate. 그 보고서가 부정확하다고 여겨진다.

Quiz **다음 문장의 틀린 부분을 바르게 고치세요.**

01 The professional cyclist was damaged his bike when he fell yesterday.

02 I can assure you that your package will deliver early next week.

03 Tomorrow's solar eclipse expects to be visible to over 70 million people.

Quiz 정답 01 was damaged → was damaged by 02 will deliver → will be delivered 03 expects → is expected

---

♣고득점 추가 포인트 | **that절을 목적어로 갖는 3형식 문장의 또 다른 수동태 구조**

that절의 주어가 수동태 문장의 주어로 가서 '주어 + be p.p. + to 부정사'의 형태로도 쓰인다.

that절을 목적어로 갖는 3형식 문장	They / say / that the news story is exaggerated. 그들은 신문 기사가 과장되었다고 말한다.
수동태 구조 ① (It + be p.p. + that)	It / is said / that the news story is exaggerated. 신문 기사는 과장되었다고 전해진다.
수동태 구조 ② (that절 주어 + be p.p. + to 부정사)	The news story / is said / to be exaggerated. 신문 기사는 과장되었다고 전해진다.

③ 4형식 문장의 수동태

→ 특수 4형식 동사는 '타동사 + 명사(사람) + that절' 구조를 갖는다. 관련 설명 및 동사 목록은 p. 14 참고!

	수동태 구별 방법	예시
기본 4형식 문장 수동태♣	해석으로 접근 : 문장의 주체가 '직접 하는 것인지/당하는 것인지' 파악 → '당하는 것'으로 해석될 경우 수동태	I was given the money. 나는 돈을 받았다. → 주체 I가 돈을 받는(당하는) 것이므로 수동태
특수 4형식 문장 수동태	구조로 접근 : 'S + V(be p.p.) + that절' 구조일 경우 수동태	Jason was told that she hadn't lied. Jason은 그녀가 거짓말을 하지 않았다고 들었다. → 'S(Jason) + be p.p.(was told) + that절 (that she hadn't lied)'형태이므로 수동태

Quiz 보기 중 어법상 알맞은 것을 고르세요.

01 They _____ the grant from the government.

① has awarded ② are awarding ③ awarded ④ have been awarded

02 Employees should _____ their salary this week.

① give ② be given ③ giving ④ be giving

03 She was _____ that he was telling the truth despite the lack of concrete evidence.

① convinced ② convincing ③ convince ④ convinces

04 John _____ a cash incentive last Friday because he reached the monthly goal.

① gave ② was given ③ was giving ④ has given

Quiz 정답 01 ④ 02 ② 03 ① 04 ②

④ 5형식 문장의 수동태

→ 5형식 동사의 종류에 관한 설명은 p. 15~18 참고

5형식 동사 종류	해당 동사의 수동태 구조
make, think, believe, leave … 동사 (목적격 보어 자리에 명사 / 형용사를 취하는 동사들)	주어 + 수동태 동사 + 목적격 보어(명사 / 형용사)
want, need, force … 동사 (목적격 보어 자리에 to 부정사를 취하는 동사)	주어 + 수동태 동사 + 목적격 보어(to 부정사)
사역동사, 지각동사 (목적격 보어 자리에 동사원형을 취하는 동사)	주어 + 수동태 동사 + 목적격 보어(to 부정사)

♣고득점 추가 포인트 | 기본 4형식 문장의 수동태의 2가지 형태

기본 4형식의 수동태는 간접 목적어(I.O)가 주어로 간 형태와 직접 목적어(D.O)가 주어로 간 형태가 있다.

기본 4형식 문장	He / gave / Dan / a pen. 그는 Dan에게 펜을 주었다.
수동태 구조 ① (I.O가 주어로 간 수동태)	Dan / was / given / a pen. Dan에게 펜이 주어졌다.
수동태 구조 ② (D.O가 주어로 간 수동태)	A pen / was given / to / Dan. 펜이 Dan에게 주어졌다. → give는 이동의 의미이므로 전치사 to 사용 (p. 14 참고)

Quiz 둘 중 어법상 알맞은 것을 고르세요.

01 The new manager is considered (intelligent / intelligently).

02 They were (asking / asked) to turn down the volume.

03 Employees are strongly (encouraging / encouraged) to attend the meeting.

04 The children were made (wash / to wash) the dishes.

05 The shy student was (compelling / compelled) to give a presentation in front of her classmates.

Quiz 정답 01 intelligent 02 asked 03 encouraged 04 to wash 05 compelled

→ 해당 표현 덩어리를 '하나의 타동사'로 인지하기

⑤ **동사구의 수동태**

pay attention to ~에 주의를 기울이다	turn on ~을 켜다	laugh at ~을 비웃다
take advantage of ~을 이용하다	turn off ~을 끄다	☆☆☆☆ depend on ~에 의존하다
take care of ~을 돌보다	☆☆☆☆ call off ~을 취소하다	look up to (= respect) ~를 존경하다
make fun of ~을 놀리다	give up ~을 포기하다	seek after ~을 찾다
☆☆☆☆ refer to ~을 -이라고 부르다	catch up with ~을 따라잡다	

→ refer to A as B의 형태로 쓰임! (A를 B라고 부르다)   전치사가 2개 연속으로 와서 어색하다고 틀렸다고 착각하지 않기!

• She looked up to her mother. → Her mother was looked up to by her.
  그녀는 그녀의 어머니를 존경한다.   그녀의 어머니는 그녀에 의해 존경을 받는다.

• The meeting (~~called off~~ / was called off).   그 회의는 취소되었다.

Quiz 둘 중 어법상 알맞은 것을 고르세요.

01 My neighbor's dog was (taken care of / taken care) by a friend.

02 The game (was called / was called off) because of the rain.

03 The research project (was referred to as / was referred) a breakthrough by the press.

04 The history teacher (looked up / is looked up) to by students.

Quiz 정답 01 taken care of 02 was called off 03 was referred to as 04 is looked up

MEMO

08 | 조동사 ①

1 조동사의 분류

	기능 조동사	의미 조동사
개념	기능적으로 동사를 돕는 조동사	의미적으로 동사를 돕는 조동사
예시	**be**: 진행, 수동의 기능 **have**: 완료의 기능 **do**: 부정, 강조, 의문문의 기능	**can**: ~할 수 있다 **will**: ~할 것이다, ~하겠다 **may**: ~해도 된다, ~일지도 모른다 **must**: ~해야 한다, ~임에 틀림없다 **should**: ~해야 한다

· I am cleaning my room now. 나는 지금 내 방을 청소하는 중이다. → be의 '진행'의 기능

· I will clean my room. 나는 내 방을 청소할 것이다 → will의 '~할 것이다'라는 의미

2 (의미) 조동사 + 동사원형

1. 의미 조동사(can, will, may, must, should) + 동사원형

· He will (come / ~~comes~~) here. 그는 여기에 올 것이다.

2. 당위성 that절(당위절)의 'should + 동사원형'

■ 기본 개념

	당위성 **that**절(당위절)	일반 **that**절(사실절)
해석	~해야만 한다는 것	~한다는 것
형태	that + S + (should) + 동사원형	that + S + V

 생략 가능!

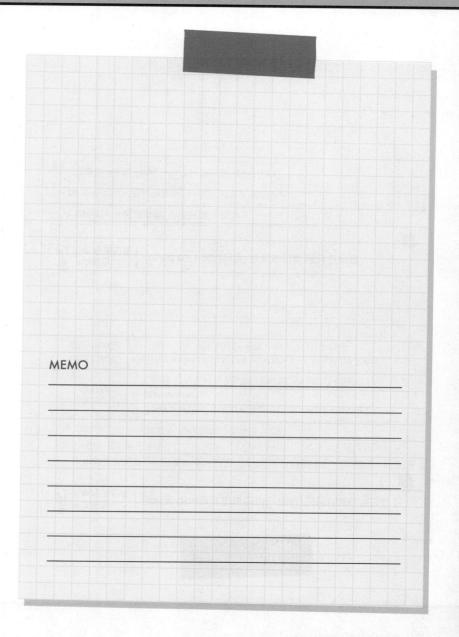

MEMO

■ 당위성 that절과 함께 쓰이는 동사 / 형용사♣

당위성 that절은 '주장 / 제안 / 요구 / 명령 동사' 또는 '필수 / 의무 형용사'와 함께 쓰인다.

동사	주장	insist
	제안	suggest, recommend, propose
	요구, 요청	ask, require, request, demand
	명령	order, command
형용사	필수	necessary, essential, imperative, important
	의무	mandatory, obligatory ☆

• His employer <u>demanded</u> that he (should) clean all the desks. 그의 고용주는 그가 모든 책상을 청소하도록 요구했다.

Quiz 둘 중 어법상 알맞은 것을 고르세요.

01 The ski trainer suggests that a beginner (start / starts) with the basics.

02 It is important that the report (is handed / be handed) in on time.

03 They insisted that the report (was / be) inaccurate.

04 The police chief demanded that the officers (to catch / catch) the thief quickly.

Quiz 정답 01 start 02 be handed 03 was 04 catch

3. 조동사처럼 쓰이는 표현 + 동사원형

ought to ~해야 한다	need to ~해야 한다	be going to ~할 것이다	had better ~하는 게 좋겠다
have to ~해야 한다	used to♣ ~하곤 했다	be able to ~할 수 있다	dare to 감히 ~하다

• You <u>had better</u> hurry up. 너는 서두르는 게 좋겠다.

Quiz 둘 중 어법상 알맞은 것을 고르세요.

01 I had better (to check / check) the food in the oven.

02 My sister is going to (opening / open) her own hair salon.

Quiz 정답 01 check 02 open

♣고득점 추가 포인트 | 당위성 that절과 함께 쓰이는 동사 / 형용사에서 주의할 점

당위성 that절과 함께 쓰이는 동사/형용사가 '항상' 당위절(that + S + should + 동사원형)과 함께 쓰이는 것은 아니다. '~해야 한다'라는 의미로 해석될 경우에만 당위절과 함께 쓰이고, 그렇지 않을 경우 일반 that절과 함께 쓰인다.

'~해야 한다'라는 당위절	They <u>insisted</u> that the report (should) be done by tomorrow. 그들은 그 보고서가 내일까지 완성되어야 한다고 주장했다.
'단순 사실'의 일반 that절	They <u>insisted</u> that the mistake was made by John. 그들은 그 실수가 John에 의해 만들어졌다고 주장했다.

♣고득점 추가 포인트 | 'used to + 동사원형'과 비슷하게 생긴 표현들

used to + 동사원형	~하곤 했다
be used to + 동사원형	~하기 위해 사용되다
be used to -ing	~하는 데 익숙하다

③ 조동사 be·have·do

1. be동사

	구조	예문
진행형	'동사 + ing'와 결합하여 진행형을 만듦 (be + ing)	I am cleaning my room now. 나는 지금 내 방을 청소하는 중이다.
수동형	과거분사(p.p.)와 결합하여 수동형을 만듦 (be + p.p.)	You are required to dress in formal attire. 당신은 정장을 입을 것을 요구받는다.

2. have동사

	구조	예문
완료형	과거분사(p.p.)와 결합하여 완료형을 만듦 (have + p.p.)	My family has been to Mexico. 우리 가족은 멕시코에 간 적이 있다.

3. do동사

→ be동사와 조동사의 부정문을 만들 때는 be동사/조동사 뒤에 not을 붙여주기만 하면 된다.
ex) I am the boss. → I am not the boss.
I can swim. → I cannot swim.

	구조		예문
강조문	do / does / did + 동사원형		→ They do eat pizza. 그들은 정말로 피자를 먹는다.
일반동사의 부정문	do / does / did + not + 동사원형	They eat pizza. 그들은 피자를 먹는다.	→ They do not eat pizza. 그들은 피자를 먹지 않는다.
중복 방지	중복되는 일반동사(구) → do / does / did		→ They eat pizza, and so do I.♣ 그들은 피자를 먹고, 나도 그렇다(피자를 먹는다).
의문문	do / does / did + 주어 + 동사원형		→ Do they eat pizza? 그들은 피자를 먹니?

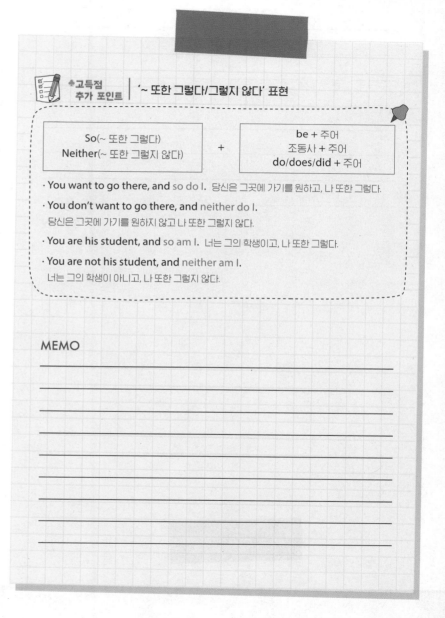

♣고득점 추가 포인트 | '~ 또한 그렇다/그렇지 않다' 표현

So(~ 또한 그렇다) Neither(~ 또한 그렇지 않다)	+	be + 주어 조동사 + 주어 do/does/did + 주어

· You want to go there, and so do I. 당신은 그곳에 가기를 원하고, 나 또한 그렇다.
· You don't want to go there, and neither do I.
당신은 그곳에 가기를 원하지 않고 나 또한 그렇지 않다.
· You are his student, and so am I. 너는 그의 학생이고, 나 또한 그렇다.
· You are not his student, and neither am I.
너는 그의 학생이 아니고, 나 또한 그렇지 않다.

MEMO

_____

_____

_____

_____

_____

_____

_____

Quiz 둘 중 어법상 알맞은 것을 고르세요.

01 The letters (were / have) mailed yesterday morning.

02 The manager works late, and so (do / does) we.

Quiz 정답 01 were 02 do

④ 조동사 can · will · may · must · should

can	능력 ~할 수 있다 허가 ~해도 된다 요청 ~해주다 강한 추측 ~일 수 있다	Computers can store a great amount of data. 컴퓨터는 많은 양의 정보를 저장할 수 있다. You can take a break at three o'clock. 너는 3시에 휴식을 취해도 된다. Can you bring me the paper? 내게 신문을 가져다줄래? Earthquakes can cause large tidal waves. 지진은 큰 해일을 야기할 수 있다.
will	미래 ~할 것이다 의지·고집 ~하겠다 요청 ~해주다	He will respond to you by the end of the week. 그는 주말까지 네게 응답할 것이다. I will go to school, however sick I feel. 나는 아무리 아파도, 학교에 가겠다. Will you take care of my dog for me? 나 대신 내 개를 돌봐 줄래요?
may	허가 ~해도 된다 약한 추측 ~일지 모른다	Students may use the lounge. 학생들은 휴게실을 이용해도 된다. Susan may be right. Susan이 옳을지 모른다.
must	의무 ~해야 한다 강한 확신 ~임에 틀림없다	All applicants must register by noon. 모든 지원자들은 정오까지 등록해야 한다. Smith must be disappointed with the results. Smith는 결과에 실망한 게 틀림없다.
should	의무·제안 ~해야 한다 추측 ~일 것이다	You should visit the dentist. 너는 치과 진료를 받아야 한다. Skies should clear up before the evening. 저녁 전에는 하늘이 갤 것이다.

Quiz 둘 중 해석상 알맞은 것을 고르세요.

01 The new version of the operating system (will / does) replace the current one after a week.

02 Travelers (must / may) show their passport before boarding.

Quiz 정답 01 will 02 must

MEMO

⑤ 조동사 관련 표현

1. 조동사 + have p.p.

과거에 대한 추측	must have p.p. ~했었음에 틀림없다 ↔ cannot[couldn't] have p.p. ~했을 리가 없다
	may[might] have p.p. ~했을지도 모른다
과거에 대한 유감(후회)	should (not) have p.p. ~했어야 했는데 하지 않아서 유감이다(하지 않았어야 했는데 해서 유감이다) = ought (not) to have p.p.

· She could not have known that it would rain today. 그녀는 오늘 비가 오리라는 것을 알았을 리가 없다.

· Anna must have left before I woke up. Anna는 내가 일어나기 전에 떠난 것이 틀림없다.

2. 조동사 관련 숙어

cannot (help) but + 동사원형 = can't help -ing ~할 수밖에 없다

may well ~하는 것이 당연하다

may[might] as well ~하는 것이 더 낫다

→ 서로 헷갈리지 않도록 주의하자!

💡 암기 tip! may as well은 may well보다 글자 수가 '더' 기니까 '더' 낫다!

★★★
would rather 차라리 ~하는 게 더 낫다(선호)

had better ~하는 게 좋겠다(의무, 경고, 충고)

cannot + 동사원형 + too[over / enough] 아무리 ~해도 지나치지 않다

· I cannot thank you enough. 내가 아무리 당신에게 감사해도 지나치지 않다. (나는 당신에게 감사하는데, 그 정도가 충분할 수가 없다.)

· Parents cannot be too careful about their words in front of their children.
부모들은 그들의 아이들 앞에서 말을 아무리 조심해도 지나치지 않다.

Quiz 둘 중 어법상 알맞은 것을 고르세요.

01 I should have (slept / sleep) longer because I'm still tired.

Quiz 정답 01 slept

MEMO

1 가정법 분류

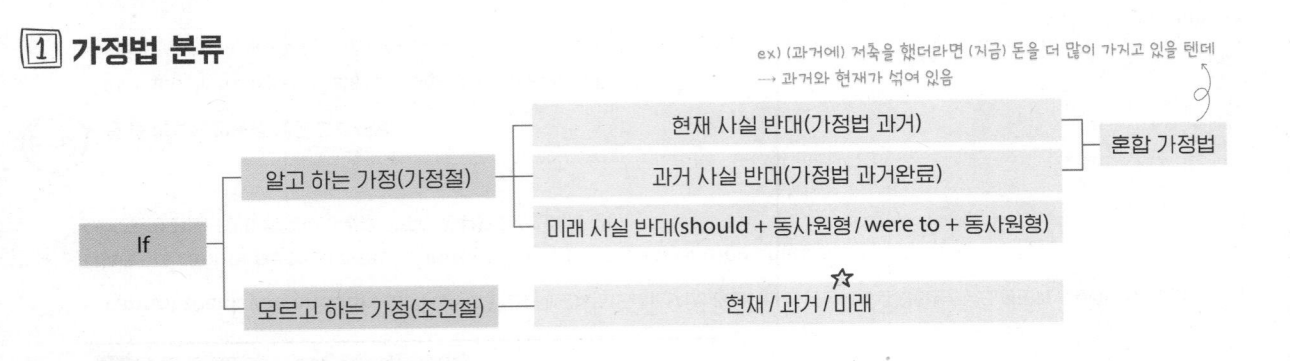

ex) (과거에) 저축을 했더라면 (지금) 돈을 더 많이 가지고 있을 텐데
→ 과거와 현재가 섞여 있음

```
                    ┌─ 현재 사실 반대(가정법 과거) ─┐
        ┌─ 알고 하는 가정(가정절) ─┼─ 과거 사실 반대(가정법 과거완료) ─┤── 혼합 가정법
   If ──┤                    └─ 미래 사실 반대(should + 동사원형 / were to + 동사원형)
        │
        └─ 모르고 하는 가정(조건절) ─── ☆ 현재 / 과거 / 미래
```

2 현재 사실 반대 가정 (가정법 과거)

현재 사실을 반대로 가정 + 현재 사실의 반대 결과를 가정

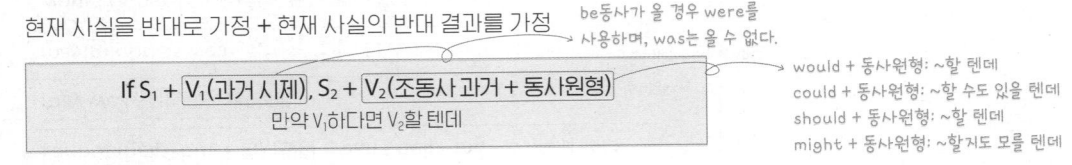

be동사가 올 경우 were를 사용하며, was는 올 수 없다.

> If S₁ + V₁(과거 시제), S₂ + V₂(조동사 과거 + 동사원형)
> 만약 V₁하다면 V₂할 텐데

would + 동사원형: ~할 텐데
could + 동사원형: ~할 수도 있을 텐데
should + 동사원형: ~할 텐데
might + 동사원형: ~할지도 모를 텐데

• If I lived in South Korea, I could see you.
만약 내가 한국에 산다면, 너를 볼 수 있을 텐데. (현재 내가 한국에 살지 않아서 현재 너를 볼 수 없다.)

• If he were able to play the guitar, he would join the band.
만약 그가 기타를 연주할 수 있다면, 그는 밴드에 참여할 텐데. (현재 그가 기타를 연주할 수 없어서 현재 밴드에 참여하지 않는다.)

3 과거 사실 반대 가정 (가정법 과거완료)

과거 사실을 반대로 가정 + 과거 사실의 반대 결과를 가정

> If S₁ + V₁(had p.p.), S₂ + V₂(조동사 과거 + have p.p.)
> 만약 V₁했었다면 V₂했을 텐데

would have p.p.: ~했을 텐데
could have p.p.: ~했을 수도 있었을 텐데
should have p.p.: ~했을 텐데
might have p.p.: ~했을지도 모를 텐데

• If I had been encouraged, I might have done it better.
만약 내가 과거에 격려를 받았더라면, 그것을 더 잘했을지도 모를 텐데. (내가 과거에 격려를 받지 못해서 과거에 그것을 더 잘하지 못했다.)

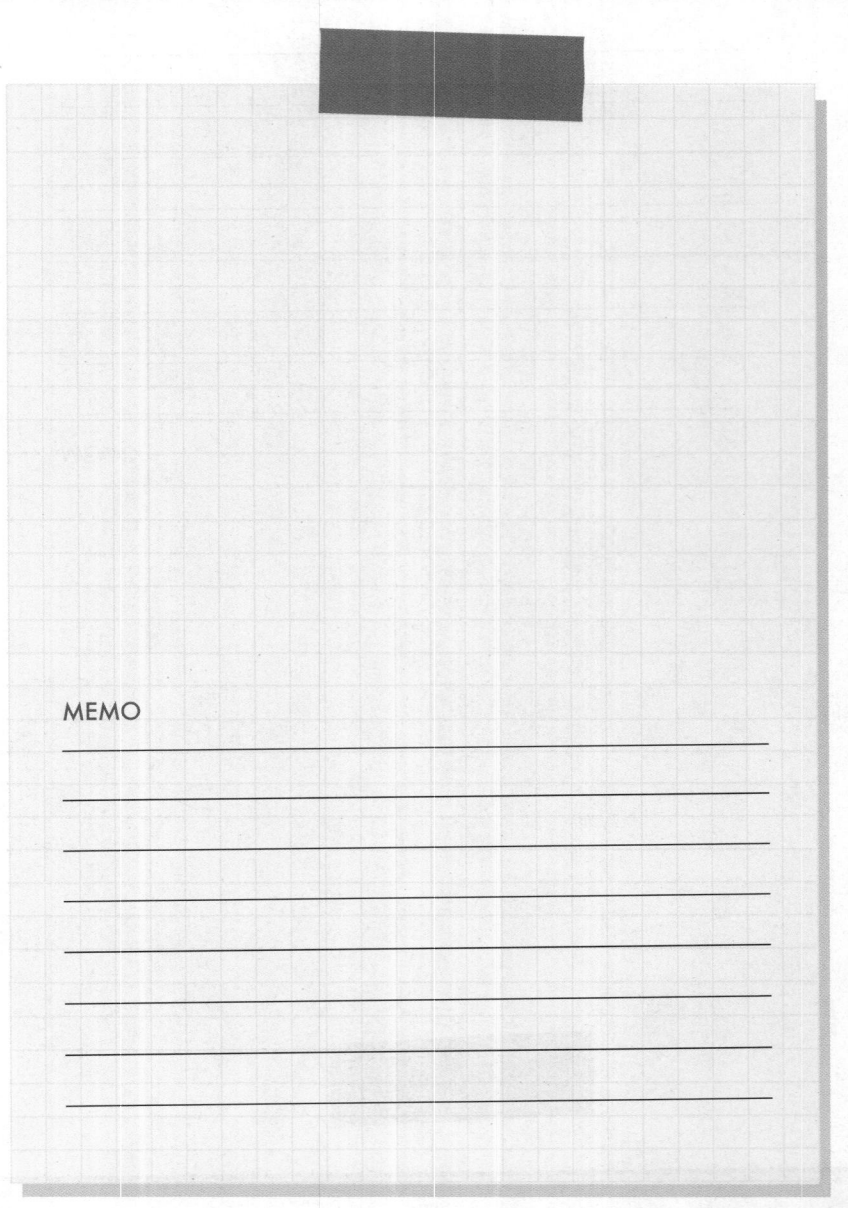

MEMO

Quiz

보기 중 어법상 알맞은 것을 고르세요.

01 If we _____ that the hotel was so far from town, we would have rented a car.

① have known   ② would know   ③ know   ④ had known

Quiz 정답 01 ④

[4] 혼합 가정법♠

과거 사실을 반대로 가정 + 현재 사실의 반대 결과를 가정

> **If S₁ + V₁(had p.p.), S₂ + V₂(조동사 과거 + 동사원형)**
> 만약 과거에 V₁했었다면 지금(현재) V₂할 텐데

- If I had majored in botany, I could distinguish all these plants <u>at this moment</u>.
  만약 내가 과거에 식물학을 전공했었다면, 지금 이 모든 식물들을 구별할 수 있을 텐데.
  (과거에 내가 식물학을 전공하지 않았고 현재 이 모든 식물들을 구별할 수 없다.)

[5] 미래 사실 반대 가정 (가정법 미래)

가능성이 희박한 미래 가정하며, 가정법 미래의 형태는 두 가지가 있다.

> **If S₁ + V₁(should + 동사원형), S₂ + V₂(동사 시제 제한 없음)**
> 만에 하나 V₁하다면 V₂할 것이다

> **If S₁ + V₁(were to + 동사원형), S₂ + V₂(조동사 과거 + 동사원형)**
> 만에 하나 V₁하다면 V₂할 것이다

명령문(Please ~ / 동사원형으로 시작하는 문장) 형태로 자주 등장!
ex) If you <u>should</u> have any problems, <u>please</u> call us.
만에 하나 당신에게 문제가 생기면, 저희에게 전화주세요.

- If the virus should infect the computer system, it will be a disaster.
  만에 하나 바이러스가 컴퓨터 시스템을 감염시킨다면, 그것은 재앙이 될 것이다.
- If you were to change your job, that would have a huge impact on our family.
  만에 하나 당신이 직업을 바꾼다면, 그것은 우리 가족에게 큰 영향을 미칠 것이다.

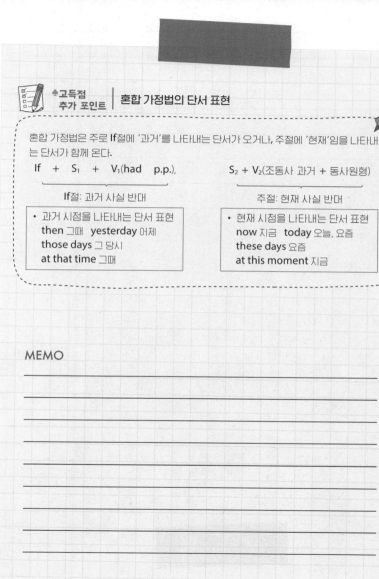

♠고득점 추가 포인트 | 혼합 가정법의 단서 표현

혼합 가정법은 주로 If절에 '과거'를 나타내는 단서가 오거나, 주절에 '현재'임을 나타내는 단서가 함께 온다.

> **If + S₁ + V₁(had p.p.),   S₂ + V₂(조동사 과거 + 동사원형)**
>
> If절: 과거 사실 반대   주절: 현재 사실 반대

- 과거 시점을 나타내는 단서 표현
  then 그때   yesterday 어제
  those days 그 당시
  at that time 그때

- 현재 시점을 나타내는 단서 표현
  now 지금   today 오늘, 요즘
  these days 요즘
  at this moment 지금

MEMO

_____

_____

_____

_____

_____

_____

_____

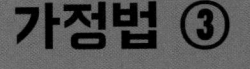

⑥ 가정법 도치

가정법 문장에서 If는 생략될 수 있으며, 이때 주어와 동사의 자리가 바뀐다.

가정법 과거 도치 If + 주어 + were → were + 주어 ~	If I were you, I would study harder. → Were I you, I would study harder. 만약 내가 너라면, 나는 공부를 더 열심히 할 텐데.
가정법 과거완료 도치 If + 주어 + had p.p. → Had + 주어 + p.p.	If I had seen him, I would have invited him to the party. → Had I seen him, I would have invited him to the party. 만약 내가 그를 보았더라면, 나는 그를 파티에 초대했을 텐데.
가정법 미래 도치 If + 주어 + should + 동사원형 → Should + 주어 + 동사원형	If you should have any questions, please call me. → Should you have any questions, please call me. 만에 하나 당신이 질문이 있다면, 제게 전화주세요.

Quiz 보기 중 어법상 알맞은 것을 고르세요.

01 Had the reservation been made earlier, we _____ able to secure a table for the entire group.

　① would 　　　② have been 　　　③ would have been 　　　④ had been

02 _____ anyone have any question regarding the new computer system, please contact Mr. Harrison from technical support department at 277-0315.

　① Should 　　　② Might 　　　③ Had 　　　④ If

03 _____ demand been higher, the factory would have increased its production capacity.

　① Should 　　　② Had 　　　③ If 　　　④ Since

Quiz 정답 01 ③ 02 ① 03 ②

⑦ 기타 가정법

1. '~이 없다면/~이 없었다면' 가정법

= except

~이 없다면 (가정법 과거: 현재 반대 가정)	If it were not for A = Were it not for A = But for A = Without A = If not for A
~이 없었더라면 (가정법 과거 완료: 과거 반대 가정)	If it had not been for A = Had it not been for A = But for A = Without A = If not for A

MEMO

_____

_____

_____

_____

_____

_____

_____

_____

- If it were not for your help, I couldn't live another day. 만약 당신의 도움이 없다면, 나는 하루도 더 살지 못할 텐데.
  = Were it not for = But for = Without

- If it had not been for your help, I couldn't have lived another day.
  = Had it not been for = But for = Without
  만약 당신의 도움이 없었더라면, 나는 하루도 더 살지 못했을 텐데.

2. It's (about / high) time 가정법

It's (about / high) time (that) + 주어	+ 과거 동사	→	이제 ~할 때이다 (현재 사실 반대)
	+ should + 동사원형	→	이제 ~해야 할 때이다 (현재 사실 반대)

- It is (about / high) time (that) we said goodbye. 이제 우리가 작별 인사를 할 때이다.

- It is (about / high) time (that) we should say goodbye. 이제 우리가 작별 인사를 해야 할 때이다.

3. I wish 가정법 (~하면 / ~했다면 좋을 텐데): 현재 / 과거 상황의 반대를 가정

I wish (that) + 주어	+ 과거 동사
	+ had p.p.

- I wish (that) I had a boyfriend. 내게 남자 친구가 있으면 좋을 텐데. (현재 남자 친구가 없음)

- I wish (that) I had been rich a year ago. 내가 1년 전에 부자였다면 좋을 텐데. (1년 전 과거에 부자가 아니었음)

4. As if / As though 가정법 (마치 ~처럼): 현재 / 과거 상황의 반대를 가정

주어 + 동사 + as if + 주어 = as though	+ 과거 동사
	+ had p.p.

- He talks as if he were my boss. 그는 마치 현재 자신이 나의 상사인 것처럼 말한다.

  (현재 그는 나의 상사가 아닌데, 그가 현재 나의 상사인 것처럼 말한다.)

- He talks as if he had been my boss. 그는 마치 자신이 과거에 나의 상사였던 것처럼 말한다.

  (과거 그는 나의 상사가 아니었는데, 현재 그가 과거에 나의 상사였던 것처럼 말한다.)

MEMO

① to 부정사의 성질과 역할

to 부정사는 역할이나 품사가 한 가지로 정해져 있지 않은(不: 아니 (불), 定: 정하다 (정)) 성질을 가지고 있어 '부정사'라고 불린다.
to 부정사는 명사, 형용사, 부사의 3가지 역할을 할 수 있다.

	위치	해석
명사 역할	명사처럼 주어, 목적어, 보어 자리에 위치	~하는 것
형용사 역할	명사 뒤에 위치(명사 뒤에서 후치 수식)	~할
부사 역할	문두, 문미에 위치	• 목적: ~하기 위해서 • 이유: ~하게 되어서 (감정의 원인) • 결과: 그 결과 ~하다

'~하기 위해서'라는 의미의 부사 역할을 하는 to 부정사 대신 'in order to + 동사원형' 또는 'so as to + 동사원형'을 쓸 수 있다!

1. 명사 역할을 하는 to 부정사

· To learn a second language **requires great effort.** 제2외국어를 배우는 것은 많은 노력이 필요하다.
  = It requires great effort to learn a second language.
· He doesn't seem to know about it. 그는 그것에 대해 모르는 것처럼 보인다.
· My younger sister wants to buy a new car. 내 여동생은 새 차를 사고 싶어 한다.
· The runner made it a rule to get up at six. 그 달리기 선수는 6시에 일어나는 것을 원칙으로 했다.
· My mom required me to follow her advice. 엄마는 나에게 그녀의 조언을 따르도록 요구했다.

2. 형용사 역할을 하는 to 부정사

· She is the last person to arrive at the party. [주술 관계] 그녀가 파티에 도착할 마지막 사람이다.
· I am looking for a person to take care of me. [주술 관계] 나는 나를 돌봐줄 사람을 찾고 있다.
· I would like to buy something to drink. [타목 관계] 나는 마실 것을 사고 싶다.
· My coworker gave me two books to read thoroughly. [타목 관계] 나의 동료는 꼼꼼히 읽어야 할 책 두 권을 내게 주었다.
· It is time to say goodbye. [동격 관계] 작별 인사를 할 시간이다.
· She needed a chance to tell you the truth. [동격 관계] 그녀는 당신에게 진실을 말할 기회가 필요했다.
· I need a chair to sit on. [전목 관계] 나는 앉을 의자가 필요하다.
· I need a fork to eat the food with. [전목 관계] 나는 음식을 먹을 포크가 필요하다.

⬆고득점 추가 포인트 | 형용사 역할을 하는 to 부정사와 수식을 받는 명사와의 관계

주술 관계	명사가 주어, to 부정사가 술어 역할을 하는 관계 ex) She is the first person to arrive at the party. 그녀는 파티에 도착할 첫 번째 사람이다.
타목 관계 (타동사-목적어)	to 부정사가 타동사, 명사가 타동사의 목적어인 관계 ex) She needs something to drink. 그녀는 마실 것이 필요하다.
동격 관계 (용도 관계)	명사가 추상명사, to 부정사가 해당 추상명사와 동격 관계 ex) This is the chance to achieve my goal. 추상명사 이것은 내 목표를 달성할 기회이다.
전목 관계 (전치사-목적어)	ex) I need a chair to sit. (X) I need a chair to sit on. (O) 나는 앉을 의자가 필요하다. → 전치사가 빠져 있지 않은지 주의! (sit a chair(X) / sit on a chair(O))

3. 부사 역할을 하는 to 부정사

> 목적을 나타내는 to 부정사는 in order to / so as to로 바꾸어 쓸 수 있다.

- **To wake up early,** he sets the alarm. [목적] 일찍 일어나기 위해서, 그는 알람을 맞춘다.
- **To study more about Italy,** I have decided to go there. [목적] 이탈리아에 대해 더 배우기 위해서, 나는 그곳에 가는 것을 결정했다.
- I went to bed early **to get a good night's sleep.** [목적] 나는 숙면을 취하기 위해 일찍 잠을 자러 갔다.
- I am happy **to see you again.** [이유] 나는 당신을 다시 보게 되어 기쁘다.
- He grew up **to become taller than his parents.** [결과]♣ 그는 자랐고 그 결과 키가 그의 부모님보다 더 커졌다.
- She lived **to be eighty years old.** [결과] 그녀는 살았고 그 결과 80살이 되었다.

4. be to 용법: 운명, 명령, 의무, 예정, 가능, 소망

운명	The Roman Empire was to fall. 로마 제국은 멸망할 운명이었다.
명령	You are to finish your meal before you have ice cream. 너는 아이스크림을 먹기 전에 식사를 마쳐야 한다.
의무	We are to respect our elders. 우리는 노인을 공경해야 한다.
예정	He is to graduate in February. 그는 2월에 졸업할 예정이다.
가능	The paintings are to be seen here. 그 그림들은 여기서 보여질 수 있다.
소망	If you are to succeed, you must set a goal first. 성공하려고 한다면, 너는 먼저 목표를 설정해야 한다.

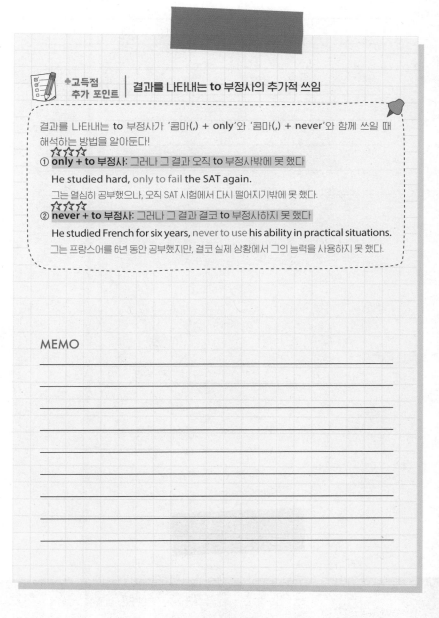

고득점 추가 포인트 | 결과를 나타내는 to 부정사의 추가적 쓰임

결과를 나타내는 to 부정사가 '콤마(,) + only'와 '콤마(,) + never'와 함께 쓰일 때 해석하는 방법을 알아둔다!

☆☆☆
① **only + to 부정사:** 그러나 그 결과 오직 to 부정사밖에 못 했다

He studied hard, only to fail the SAT again.

그는 열심히 공부했으나, 오직 SAT 시험에서 다시 떨어지기밖에 못 했다.

☆☆☆
② **never + to 부정사:** 그러나 그 결과 결코 to 부정사하지 못 했다

He studied French for six years, never to use his ability in practical situations.

그는 프랑스어를 6년 동안 공부했지만, 결코 실제 상황에서 그의 능력을 사용하지 못 했다.

MEMO

② to 부정사의 형태와 의미상의 주어

1. to 부정사의 형태

기본형	to + 동사원형
수동형	to + be p.p.
☆ 완료형	to + have p.p. (① 본동사 시제보다 더 이전을 나타내는 의미 ② 완료의 의미)
완료 수동형	to + have been p.p.
진행형	to + be -ing

· She seems to be rich vs. She seems to have been rich.

그녀가 현재 부자인 것처럼 보인다. vs. 그녀가 과거에 부자였던 것처럼 보인다.

· I expect him to have finished the project by noon. [완료형] 나는 그가 정오까지 프로젝트를 끝냈을 것이라고 예상한다.

· She seems to be reading a book. [진행형] 그녀가 책을 읽고 있는 중인 것처럼 보인다.

2. to 부정사의 의미상의 주어 ⟳ 이미 가주어 It 학습 시 공부한 내용이므로, 간단히 복습하듯 읽어보자 (p. 7 참고)

문장의 주어와 to 부정사의 행위 주체가 달라서 to 부정사의 의미상 주어가 필요한 경우, 'for + 명사' 또는 'for + 대명사의 목적격'
을 to 앞에 쓴다. 성질을 나타내는 형용사(honest, polite, thoughtful, foolish 등)가 to 부정사 앞에 쓰일 경우 to 부정사의
의미상 주어는 'for + 명사'가 아니라 'of + 명사'를 쓴다.

· It is easy for me to surprise him. 내가 그를 놀라게 하는 것은 쉽다.

· It was inevitable for me to get up early. 내가 일찍 일어나는 것은 피할 수 없는 일이다.

· It is very thoughtful of you to say so. 네가 그렇게 말하다니 정말 사려가 깊구나.

③ ☆ to 부정사를 취하는 동사·명사·형용사 / to 부정사 관용 표현

1. to 부정사를 취하는 동사

■ to 부정사를 주격 보어로 취하는 2형식 동사

remain to 아직 ~해야 한다	seem to ~인 것 같다	appear to ~인 것처럼 보이다

· We seem to work together better than I expected. 내가 예상했던 것보다 우리는 더 잘 함께 일하는 것 같다.

MEMO

■ to 부정사를 목적어로 취하는 3형식 동사

~가 -하기를 원하다	want to	need to	expect to	wish to	hope to	desire to
~하기를 계획·시도·결정하다	plan to mean to	aim to decide to	prepare to elect to	attempt to	intend to	choose to
~하기를 제안·약속·거절하다	offer to	ask to	promise to	agree to	refuse to	
기타	manage to (간신히) ~해내다 afford to ~할 수 있다		fail to ~하지 못하다		pretend to ~한 체하다	

· I want to reserve a table. 테이블 하나를 예약하기를 원합니다.

·The employer expects to hire nine new clerks. 고용주는 9명의 새 점원을 고용하기를 원한다.

☆
■ to 부정사를 목적격 보어로 취하는 5형식 동사

~가 -하기를 원하다	want 목 to	need 목 to	expect 목 to	invite 목 to	require 목 to
~가 -하게 부추기다	cause 목 to	persuade 목 to	convince 목 to	ask 목 to	encourage 목 to
~가 -하게 강요하다	force 목 to	compel 목 to	get 목 to	tell 목 to	pressure 목 to
~가 -하게 허락하다	allow 목 to	permit 목 to	enable 목 to	forbid 목 to ~을 금하다	
~가 -하라고 알려주다	remind 목 to	advise 목 to	warn 목 to		

· She wants him to buy flowers for her birthday. 그녀는 그가 그녀의 생일에 꽃을 사주기를 원한다.

2. to 부정사를 취하는 명사

ability to ~할 능력	chance to ~할 기회	opportunity to ~할 기회	time to ~할 시간
right to ~할 권리	plan to ~하려는 계획	wish to ~하려는 바람	way to ~할 방법
effort to ~하려는 노력	decision to ~하려는 결정		

· The long holiday break gave him a chance to catch up on his sculpting. 긴 휴일은 그에게 그가 조각을 마무리할 기회를 주었다.

MEMO
_____
_____
_____
_____
_____
_____
_____

3. to 부정사를 취하는 형용사

be able to ~할 수 있다	be eager to 몹시 ~하고 싶다	be pleased to ~해서 기쁘다
be difficult to ~하기 어렵다	be likely to ~할 것 같다	be ready to ~할 준비가 되다
be willing to 기꺼이 ~하다	be about to 막 ~하려 하다	

· The old man is <u>able</u> to tell when it will rain. 그 노인은 언제 비가 올지 알 수 있다.

4. to 부정사 관용표현

too ~ to 너무 ~해서 -할 수 없다(부정) ⟷	so ~ as to 매우 ~해서 -할 수 있다(긍정)
enough to ~하기에 충분히 -하다	be supposed / projected to ~하기로 되어 있다
be inclined to ~하는 경향이 있다	

· I was <u>too</u> upset <u>to</u> concentrate on my work. 나는 너무 화나서 내 일에 집중할 수 없었다.

· The firefighter was <u>so</u> brave <u>as to</u> save many people. 그 소방관은 매우 용감해서 많은 사람들을 구할 수 있었다.

· He was smart <u>enough to</u> pass the difficult exam. 그는 어려운 시험을 통과하기에 충분히 똑똑했다.

MEMO

1 동명사의 성질과 역할

동명사는 '동사'와 '명사'가 결합된 말로, '~하는 것'이라는 의미를 가진다. 동사에서 파생되어 동사의 성질을 가지고 있지만 동사 역할이 아닌 명사 역할을 한다.

성질/역할	설명	예시
동사 성질	타동사가 동명사가 될 경우 반드시 목적어를 취한다.	Luke enjoys writing poems. Luke는 시를 쓰는 것을 즐긴다
	2형식 동사가 동명사가 될 경우 반드시 보어를 취한다.	Becoming a poet is his dream. 시인이 되는 것이 그의 꿈이다.
	동명사의 수식은 부사로 한다.	He is famous for writing well. 그는 글을 잘 쓰는 것으로 유명하다.
명사 역할	동명사는 명사처럼 문장의 주어, 목적어, 보어 자리에 사용 가능하다.	Cooking is a practical skill to learn. 요리는 배우기에 실용적인 기술이다.

2 동명사의 형태와 의미상 주어

1. 동명사의 형태

기본형	동사원형 + ing	Meredith dislikes washing dishes. Meredith는 설거지하는 것을 싫어한다.
부정형	not + 동사원형 + ing	He regretted not joining the baseball team. 그는 야구팀에 입단하지 않은 것을 후회했다.
수동형	being p.p.	She likes being praised by her teacher. 그녀는 그녀의 선생님에 의해 칭찬받는 것을 좋아한다.
완료형	having p.p.	He apologized for having missed my call. 그는 내 전화를 못 받았었던 것에 대해 사과했다.

2. 동명사의 의미상 주어

문장의 주어와 동명사의 행위 주체가 달라 동명사의 의미상 주어가 필요한 경우, '명사의 소유격' 또는 '소유격 대명사'를 동명사 앞에 쓴다.

대화 상황이나 비격식문에서는 동명사의 의미상 주어로 '목적격 대명사'를 쓸 수 있음!

- [Ben's / His] speaking at the seminar was confirmed. Ben이/그가 세미나에서 연설하는 것이 확정되었다.

→ 문장의 주어(speaking at the seminar)와 동명사(speaking)의 행위 주체가 다르므로 동명사의 의미상 주어(Ben's/His)를 사용했다.

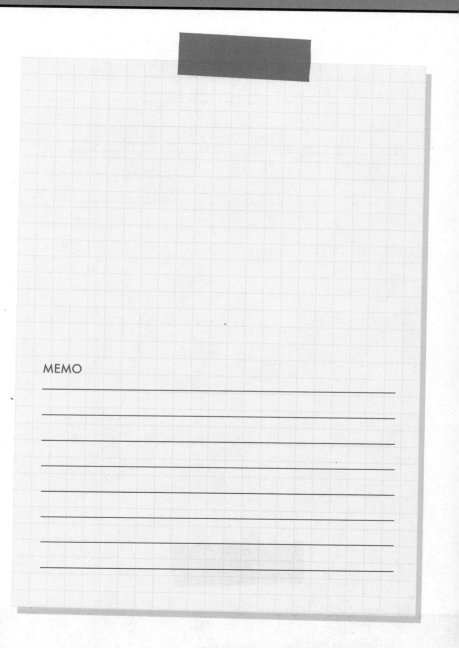

MEMO

③ 동명사를 목적어로 취하는 동사

1. 동명사만 목적어로 취하는 동사

☆ 제안·고려	suggest -ing 제안하다 recommend -ing 추천하다 consider -ing 고려하다
☆ 중지·연기	stop -ing 그만두다 discontinue -ing 중지하다 finish -ing 끝내다 quit -ing 그만두다 give up -ing 포기하다 abandon -ing 포기하다 delay -ing 연기하다 postpone -ing 연기하다
부정적 의미	dislike -ing 싫어하다 deny -ing 부인하다 mind -ing 꺼리다 avoid -ing 피하다 resist -ing 반대하다
기타	enjoy -ing 즐기다 imagine -ing 상상하다 fancy -ing 상상하다 allow -ing 허락하다 keep -ing 계속하다 risk -ing 감행하다 admit -ing 인정하다 practice -ing 연습하다 stand -ing 참다 regret -ing 후회하다

· Michael finished writing his screenplay. Michael은 그의 영화 대본을 쓰는 것을 끝냈다.

Quiz 보기 중 어법상 알맞은 것을 고르세요.

01 The president is considering _____ the company headquarters.

① to relocate   ② relocation   ③ has relocated   ④ relocating

02 My neighbor enjoys _____ to his garden plants every morning.

① has talked   ② talking   ③ talked   ④ to talk

03 The lawyer has suggested _____ the contract before signing any agreements.

① to review   ② review   ③ reviewed   ④ reviewing

Quiz 정답 01 ④ 02 ② 03 ④

MEMO

2. 동명사와 to 부정사를 모두 목적어로 취하되, 각각 의미가 달라지는 동사

	+ -ing (과거 의미)	+ to 부정사 (미래 의미)
remember	~한 것을 기억하다	~할 것을 기억하다
forget	~한 것을 잊다	~할 것을 잊다
regret	~한 것을 후회하다	~하게 되어 유감스럽다
☆ try	(시험 삼아) ~해보다	~하려고 노력하다(= attempt = struggle)

· Larry <u>remembered</u> fixing the lamp. Larry는 램프를 고친 것을 기억했다. (이미 고쳤다.)

· Larry <u>remembered</u> to fix the lamp. Larry는 램프를 고칠 것을 기억했다. (아직 고치지 않아서 고쳐야 한다.)

④ 동명사 관련 표현

1. 동사(구) + 전치사 to + -ing

contribute to -ing -에 공헌하다	☆ look forward to -ing -을 고대하다	object to -ing -에 반대하다
lead to -ing -의 원인이 되다	admit (to) -ing -을 인정하다	confess to -ing -을 고백하다
adjust to -ing -에 적응하다	belong to -ing -에 속하다	be opposed to -ing -에 반대하다
☆ be [used / accustomed] to -ing -에 익숙하다	be [devoted / dedicated / committed]♣ to -ing -에 헌신하다	be addicted to -ing -에 중독되다
be attributed to -ing -의 탓이다	be tied to -ing -과 관련되다	be exposed to -ing -에 노출되다

· Angela is <u>looking forward to</u> skiing this winter. Angela는 올 겨울에 스키 타는 것을 고대하고 있다.

♣고득점 추가 포인트 | 동사 devote / dedicate / commit의 쓰임

동사 devote / dedicate / commit은 능동태 형태로 'devote / dedicate / commit A to B'(= A를 B에 바치다)의 형태로 자주 쓰인다.

ex) devote oneself to B 자신을 B에 바치다

MEMO

2. 동명사구 관용 표현

go -ing -하러 가다	end up -ing 결국 -하다
be busy -ing -하느라 바쁘다	keep (on) -ing 계속 -하다
on[upon] -ing -하자마자/-할 때	☆ It's no use[good] -ing -해도 소용없다
have difficulty[trouble / a problem] (in) -ing -하는 데 어려움을 겪다	spend + 시간/돈 + (in) -ing -하는 데 시간/돈을 쓰다
be worth -ing -할 가치가 있다	feel like -ing -하고 싶다

cannot help -ing (= cannot help but + to 부정사 = have no choice but + to 부정사)
-하지 않을 수 없다

· It is no use crying over spilt milk. 쏟아진 우유를 두고 울어도 소용없다.

· A doctorate degree may be worth pursuing. 박사 학위는 추구할 가치가 있을지도 모른다.

· I cannot help watching the news when it comes on. 나는 뉴스가 시작하면 그것을 보지 않을 수 없다.

MEMO

1 분사구문

1. 분사구문의 생성

분사구문은 부사절 접속사가 포함된 문장에서 중복되는 부분을 줄이고 문장을 간단히 나타내기 위해 사용하며, 분사구문을 만드는 과정은 아래와 같다.

↳ 부사절 접속사가 4개의 의미(시간/이유/양보/조건) 중 하나에 해당할 때 주로 제거한다!

step 1	부사절 접속사를 제거한다.♣	~~As~~ I drank too much coffee, I couldn't sleep. 내가 커피를 너무 많이 마셨기 때문에, 나는 잠을 잘 수 없었다.
step 2	'주절의 주어 = 부사절 주어'일 경우 부사절 주어를 제거한다.	~~As I~~ drank too much coffee, I couldn't sleep.
step 3	부사절 동사의 동사원형에 ing를 붙인다.	Drinking too much coffee, I couldn't sleep. (동사원형 Drink + ing)

· ~~As I~~ didn't study enough, I couldn't get good scores. 내가 공부를 충분히 하지 않았기 때문에, 나는 좋은 점수를 받을 수 없었다.
⇨ Not studying enough, I couldn't get good scores.

· You should be very careful ~~when you~~ cross the street. 네가 길을 건널 때 너는 매우 조심해야 한다.
⇨ You should be very careful crossing the street.
　　　　　　　　　　　(동사원형 cross + ing)

2. 의미상 주어가 생략되지 않는 분사구문 (주절의 주어 ≠ 부사절 주어)

'주절의 주어 ≠ 부사절 주어'일 경우, 분사구문을 만드는 과정에서 부사절 주어를 제거하지 않고 그대로 둔다.

· ~~As~~ the meeting ended late, the staff decided to get dinner together. 회의가 늦게 끝나서, 직원들은 함께 저녁을 먹기로 결정했다.
　　　부사절 주어　　　　　　주절 주어
⇨ The meeting ending late, the staff decided to get the dinner together.

· ~~As~~ there were no vacant seats in the bus, we had to stand all the way. 버스에 빈자리가 없었기 때문에, 우리는 내내 서 있어야 했다.
　　　　　　　부사절 주어　　　　　주절 주어
⇨ There being no vacant seats in the bus, we had to stand all the way.

· ~~When~~ all things are considered, he is the top candidate for the job. 모든 것이 고려되었을 때, 그는 그 일자리의 최고의 지원자이다.
　　　　부사절 주어　　　　　　주절 주어
⇨ All things being considered, he is the top candidate for the job.

♠고득점 추가 포인트 | 분사구문 생성 시 부사절 접속사의 제거

분사구문을 만들 때 일반적으로는 부사절 접속사를 제거하지만, 분사구문의 뜻을 명확히 하기 위해 부사절 접속사를 제거하지 않을 수도 있다. (단, S₂=S₂일 경우에만 & 이유 부사절은 제외)

ex) Crossing the street, you should be careful.
　= When crossing the street, you should be careful.
　　네가 길을 건널 때 너는 매우 조심해야 한다.

MEMO

_____

_____

_____

_____

_____

_____

_____

_____

3. 분사구문의 해석

분사구문을 해석할 때는 삭제된 부사절 접속사와 주어의 의미를 더해주어 명확하게 해석한다.

- Choosing your career, you should think hard about many aspects.
⇨ When you choose your career, you should think hard about many aspects.

  너의 직업을 고를 때, 너는 많은 측면들에 대해서 곰곰히 생각해야 한다.

> **Quiz** 분사구문에서 삭제된 부사절 접속사가 무엇인지 적고, 해당 부사절 접속사의 의미를 넣어서 해석해 보세요.
>
> 01 Not knowing what to do, he asked for my advice.
>
>   부사절 접속사: / 해석:
>
> 02 I declined her invitation to the party, feeling rather ill.
>
>   부사절 접속사: / 해석:
>
> ☆
> 03 Positive people can deal with difficult situation, maintaining good personal relations.
>
>   부사절 접속사: / 해석:

Quiz 정답 01 because, as, since / 무엇을 할지 몰라서, 그는 나의 조언을 구했다. 02 because, as, since / 몸이 다소 좋지 않았기 때문에, 나는 그 파티의 초대를 거절했다. 03 while / 긍정적인 사람들은 좋은 인간관계를 유지하면서 어려운 상황을 해결할 수 있다.

4. 분사구문에서 being의 생략

분사구문에서 being이 올 경우, being을 생략할 수 있다.

- As he is new to the job, he has a lot to learn. 그는 그 일에 경험이 없기 때문에, 그는 배울 것이 많다.
⇨ Being new to the job, he has a lot to learn. [being이 있는 분사구문]
⇨ (Being) new to the job, he has a lot to learn. [being을 생략한 분사구문]

  being은 생략해도 되고, 안 해도 된다!

> **Quiz** 다음 문장을 분사구문으로 바꿔보세요.
>
> 01 As he was afraid of being punished, he ran away from the scene.
>
>   →
>
> 02 The park was closed off at night, as it was not considered safe.
>
>   →

Quiz 정답 01 Afraid of being punished, he ran away from the scene. 02 The park was closed off at night, not considered safe.

MEMO

_____

_____

_____

_____

_____

_____

5. 분사구문에서의 having p.p.

주절의 동사보다 이전의 시점에 일어난 일을 나타낼 때 분사구문에서는 having p.p.를 사용한다.

· ~~As I~~ had had a big breakfast, I had no appetite for lunch. 나는 푸짐한 아침 식사를 했었기 때문에, 점심 식사에 대한 식욕이 없었다.

⇨ Having had a big breakfast, I had no appetite for lunch.

> **Quiz** 다음 문장을 분사구문으로 바꿔보세요.
>
> 01 After she had taken a vacation, she felt refreshed.
>
>   →
>
> 삭제된 부사절 접속사의 의미를 넣어서 다음 문장을 해석해 보세요.
>
> 02 The teacher, not having heard the bell, kept on teaching.
>
> 03 She was not hungry, having drunk too much water.

Quiz 정답 01 Having taken a vacation, she felt refreshed. 02 그 선생님은 종소리를 듣지 못했기 때문에, 계속 수업을 진행했다.
03 물을 너무 많이 마셨기 때문에, 그녀는 배가 고프지 않았다.

6. with 분사구문: with + 목적어 + 목적격 보어(-ing/p.p.)

with 분사구문은 동시에 일어나는 상황을 나타내며, 목적격 보어 자리에 '-ing'가 올 경우 '~하면서', 'p.p.'가 올 경우 '~된 채'
라고 해석한다.

with + 목적어 +	동사원형 + ing ⟶	O/O.C 관계가 능동일 때
	p.p. ⟶	O/O.C 관계가 수동일 때

· I couldn't see anything with my eyes (~~closing~~ / closed). 내 눈이 감겨진 채 나는 아무 것도 볼 수가 없었다.

> **Quiz** 둘 중 어법상 알맞은 것을 고르세요.
>
> 01 I can't feel relaxed with her (watching / watched) me like that.
>
> 02 She watched TV all day with her legs (crossing / crossed).
>
> 03 I couldn't see anything with him (closing / closed) my eyes.
>
> 04 With his glasses (damaging / damaged) after dropping them, he had to wait to get a new pair.

Quiz 정답 01 watching 02 crossed 03 closing 04 damaged

MEMO

② 분사

1. 분사의 기능

수식 기능	___ N̄ (전치 수식) N̄ ___ (후치 수식)	명사의 앞뒤에 위치하여 명사를 수식하는 기능
형식 기능	주격 보어(S.C) 자리	be, become, remain, look, feel, seem, sound 등과 같은 동사의 주격 보어 자리에 위치
	목적격 보어(O.C) 자리	make, think, believe, leave …등의 동사 뒤의 목적격 보어 자리에 위치

→ p. 15에서 관련 설명 참조

· I found the report revised. 나는 그 보고서가 수정된 것을 발견했다.
　　　　　　　　└─┘ 후치 수식(수식 기능)

· The report looks (revised / ~~revising~~). 그 보고서는 수정된 것처럼 보인다.
　　　　　　　　S.C 자리(형식 기능)

2. 분사의 형태와 의미

자동사	ing	진행(~하고 있는 중인)	falling 떨어지고 있는 중인
	p.p.	완료(~가 완료된/이미 ~한)	fallen 떨어진
타동사	ing	능동(~시키는/~하는)	revising 수정하는
	p.p.	수동(~당한/~된)	revised 수정된

Quiz 둘 중 어법상 알맞은 것을 고르세요.

01 the (revising / revised) report
02 the newly (installing / installed) programs
03 the (proposed / proposing) regulation
04 the (attached / attaching) files

Quiz 정답 01 revised 02 installed 03 proposed 04 attached

MEMO

3. 문장의 형식과 분사 ♣

■ 능동태 문장과 현재분사

형식	문장	분사에 의해 수식받는 명사구 만들기
1형식	The man smiles every day. 그 남자는 매일 웃는다.	the man [smiling every day] 매일 웃는 그 남자
2형식	The man looks happy. 그 남자는 행복해 보인다.	the man [looking happy] 행복해 보이는 그 남자
3형식	The man sells cars on the street. 그 남자는 길에서 차를 판매한다.	the man [selling cars on the street] 길에서 차를 판매하는 그 남자
4형식	The man gives his child advice every day. 그 남자는 그의 아이에게 매일 조언을 해준다.	the man [giving his child advice every day] 매일 아이에게 조언을 해주는 그 남자
5형식	The man calls Jason boss. 그 남자는 Jason을 상사라고 부른다.	the man [calling Jason boss] Jason을 상사라고 부르는 그 남자

■ 수동태 문장과 과거분사

형식	문장	분사에 의해 수식받는 명사구 만들기
3형식	The cars are sold on the street. 차들은 길에서 판매된다.	the cars [sold on the street] 길에서 판매되는 차들
4형식	His child is given advice every day. 그의 아이는 매일 조언을 받는다.	his child [given advice every day] 매일 조언을 받는 그의 아이
5형식	Jason is called boss. Jason은 상사라고 불린다.	Jason [called boss] 상사라고 불리는 Jason

Quiz ▷ 둘 중 어법상 알맞은 것을 고르세요.

01 The people (attended / attending) the seminar look satisfied.

02 Researchers (worked / working) at the laboratory must do this.

03 The flights (arrived / arriving) at the airport need to be inspected.

04 The man (signing / signed) the contract is my supervisor.

05 The contract (signing / signed) by my supervisor is important.

Quiz 정답 01 attending 02 working 03 arriving 04 signing 05 signed

♣고득점 추가 포인트 │ 문장의 형식(동사의 종류)에 따른 명사 뒤 분사 사용 공식

1&2형식	자동사(1형식, 2형식 동사)는 명사를 뒤에서 수식할 때 '현재분사'로만 쓰인다.
3형식	① ing/p.p.형 뒤에 명사가 있다면 → ing 사용 ② ing/p.p.형 뒤에 명사가 없다면 → p.p. 사용
4형식	① ing/p.p.형 뒤에 명사가 1개 있다면 → p.p. 사용 ② ing/p.p.형 뒤에 명사가 2개 있다면 → ing 사용
5형식	① ing/p.p.형 뒤에 '명사 + 형용사'가 있다면 → ing 사용 ② ing/p.p.형 뒤에 형용사가 있다면 → p.p. 사용

MEMO

■ 자동사(1,2형식 동사)의 분사

☆☆

→ 옳은 표현을 덩어리로 그대로 외우자!
(한글 해석으로 생각한 뒤 영어로 번역하려 하지 않기)

틀린 표현		옳은 표현
risen sun	⇨	rising sun 떠오르는 해
arrived message		arriving message 도착한 메시지
remained people		remaining people 남은 사람들
missed puppy		missing puppy 사라진 강아지

4. 감정 타동사와 분사

■ '감정을 나타내는 분사의 원형이 되는 감정 타동사'와 해당 감정 타동사의 '의미'를 명확하게 알면 감정 분사의 개념은 어렵지 않다.

boring 지루하게 만드는
bored 지루함을 당한

→ 감정 타동사 'bore(~를 지루하게 만들다)'로부터 파생됨

· She is boring. (O) 그녀는 지루하다. (그 사람 자체가 지루해서, 다른 이들을 지루하게 만듦을 의미)

· She is bored. (O) 그녀는 지루하다. (그녀가 지루함을 당한 상태, 즉 그녀가 현재 지루함을 느끼는 상태임을 의미)

shocking 충격을 주는
shocked 충격을 받은

→ 감정 타동사 'shock(충격을 주다)'로부터 파생됨

· I am shocked because she is shocking. 나는 그녀가 충격적이라서 충격을 받았다.

■ 주어에 따른 감정 타동사의 분사

→ 주어가 동사의 주체이면 ing
주어가 동사를 당하는 것이면 p.p.

주어가 사람	감정 타동사의 '-ing/p.p.' 형태 모두 가능하므로 문맥을 잘 파악하여 선택
주어가 사물	감정 타동사의 '-ing' 형태만 가능

· The audience was (~~surprising~~ / surprised) by the performers' acting. 청중들은 연기자들의 연기에 놀라워했다.
  사람 주어

→ 사람 주어는 '-ing/p.p.' 형태가 모두 가능하므로, 문맥을 파악해야 한다. 문맥상 청중들이 연기자들의 연기에 의해 놀라움을 당한 것이
  지, 청중 스스로가 누군가에게 놀라움을 준 것이 아니므로, p.p. 형태인 surprised를 사용한다.

· The movie looks (boring / ~~bored~~). 그 영화는 지루해 보인다.
  사물 주어

MEMO
_____
_____
_____
_____
_____
_____
_____

■ 감정 타동사 목록

interest ~에게 흥미를 일으키다	excite ~를 흥분시키다	amuse ~를 즐겁게 하다
please ~를 기쁘게 하다	satisfy ~를 만족시키다	disappoint ~를 실망시키다
depress ~를 낙담시키다	frustrate ~를 좌절시키다	shock ~에게 충격을 주다
surprise ~를 놀라게 하다	embarrass ~를 당황스럽게 만들다	bewilder ~를 당황하게 하다
tire ~를 피곤하게 하다	exhaust ~를 기진맥진하게 하다	bore ~를 지루하게 하다

Quiz 보기 중 어법상 알맞은 것을 고르세요.

01 The kids were (surprising / surprised) by their grandfather's unexpected visit.

02 She found ancient history (interesting / interested) and read about it often.

03 Our company's excellent service makes customers (satisfying / satisfied) all the time.

04 He felt an (overwhelming / overwhelmed) sense of joy at the surprise party last night.

05 All the pictures and charts were (distracting / distracted).

06 Despite high expectations, the last few movies we watched have been very _____.

① disappoint   ② disappointed   ③ disappointing   ④ disappointment

07 The team members were _____ with the referee's decision to give the player a red card.

① disappoint   ② disappointed   ③ disappointing   ④ disappointment

Quiz 정답 01 surprised 02 interesting 03 satisfied 04 overwhelming 05 distracting 06 ③ 07 ②

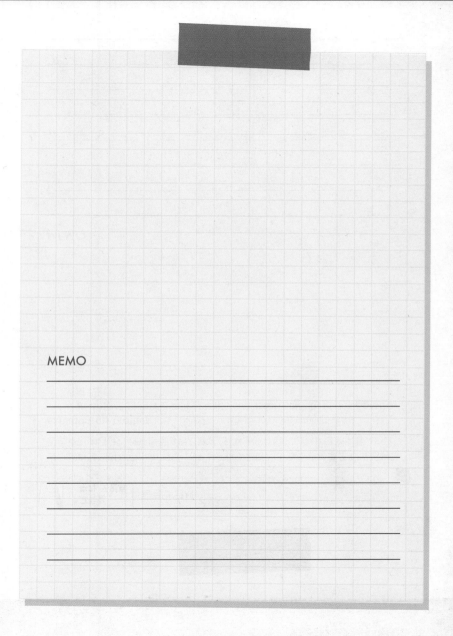

MEMO

1 명사 자리 〜 명사는 1-5형식 문장에서 '동사 자리'를 제외한 모든 자리에 올 수 있다.

명사는 6개 자리에 올 수 있다.

1	주어	4	주보(주격 보어)
2	타목(타동사의 목적어)	5	목보(목적격 보어)
3	전목(전치사의 목적어)	6	동격♣

· **Mr. Lee** is the **president** of this **company**.   Mr. Lee는 이 회사의 회장이다.
　주어(고유명사)　　주보(관사+명사)　　　전목(지시형용사+명사)

· The **resort hotel** features a **beautiful beach**.   그 리조트 호텔은 아름다운 해변을 특징으로 한다.
　주어(관사+명사)　　　　　　타목(관사+명사)

· The **design** of the **new main building** on **Fifth Avenue** is attractive.   5번가에 있는 그 새로운 메인 건물의 디자인은 매력적이다.
　주어(관사+명사)　　　전목(관사+명사)　　　전목(수사+명사)

· The **store** offered **new customers** a **coupon**.   그 가게는 신규 고객들에게 쿠폰을 제공한다.
　주어(관사+명사)　　　타목(명사)　　타목(관사+명사)

· His **confidence** made **John** a **perfect speaker**.   그의 자신감은 John을 완벽한 연설가로 만들어주었다.
　주어(소유격+명사)　목적어(고유명사)　목보(관사+명사)

· The **restaurant**, **Absolute Taste**, can accommodate **400 people**.
　주어(관사+명사)　　동격(고유명사)　　　　　　타목(수사+명사)
　Absolute Taste라는 그 식당은 400명의 사람들을 수용할 수 있다.

Quiz 다음 문장에서 명사를 모두 찾고, 각 명사가 문장의 어느 자리에 왔는지 쓰세요.

01 The musician played the guitar on the stage for the audience.

02 The varying quality of products can make purchasing decisions quite difficult.

03 The relocation of the company's headquarters to Miami will occur in April.

04 The department store will offer all shoppers a 15 percent discount tomorrow.

05 The parents found the parenting workshop helpful and informative.

✎ **+고득점 추가 포인트** │ 동격의 명사

앞의 명사의 의미가 추상적이어서 보충 설명을 추가하거나, 앞의 명사를 또 다른 동일한 말로 추가 설명하기 위해 동격의 명사를 쓴다. 'N, N(명사 콤마 명사)'의 형태를 지닌다.

ex) **Jason, my brother**   나의 남자 형제인 Jason(Jason = my brother)
　→ Jason을 또 다른 말로 추가 설명하기 위해 Jason과 동격인 명사 my brother 를 썼다.

MEMO

_____

_____

_____

_____

_____

_____

_____

_____

② 명사를 수식하는 것(전치 수식 및 후치 수식)

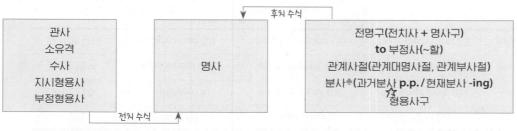

1. 전치 수식

> 부정관사(a, an)는 '정해지지 않은 하나의'라는 뜻이며 정관사(the)는 '이미 언급한', '특별히 정해진'이라는 뜻이다.

명사 앞에 위치하여 명사를 수식해 주는 것은 5개가 있으며, 이들을 `한정사` 라고 부른다.

1	관사(부정관사 a(an), 정관사 the)	I need a book. 나는 하나의 책이 필요하다.	한정사는 명사의 출발점을 알려준다! (한정사 뒤에 명사가 따라 나오므로)
2	소유격(명사+'s, his, her, your)	I need your book. 나는 당신의 책이 필요하다.	
3	수사	I need two books. 나는 두 권의 책이 필요하다.	
4	지시형용사(this, that)	I need that book. 나는 저 책이 필요하다.	
5	부정형용사☆(some, any, no, other)	I need some books. 나는 몇몇 책이 필요하다.	

2. 후치 수식

명사 뒤에 위치하여 명사를 수식해주는 것은 5개의 구조가 있다.

1	전명구(전치사 + 명사구)	The number of tickets is limited. 티켓의 수는 한정되어 있다.
2	to 부정사(~할)	The first person to arrive at the party is Susan. 파티에 도착할 첫 번째 사람은 Susan이다.
3	관계사절(관계대명사절, 관계부사절)	I like the cake (which is) made of cheese. 나는 치즈로 만들어진 케이크를 좋아한다. All (that) you have to do is just to stay healthy. 당신이 해야만 하는 것은 계속 건강한 상태로 있어 주는 것뿐이다.
4	분사(과거분사 p.p., 현재분사 -ing)	The boys swimming across the river look pretty fun. 강 건너편에서 수영하고 있는 소년들은 꽤 재미있어 보인다.
5	☆ 형용사구	The basket full of flowers is on the table. 꽃으로 가득한 바구니가 탁자 위에 있다.

고득점 추가 포인트 | 명사를 후치 수식하는 알맞은 '분사'를 묻는 문제 풀이 Tip

명사 뒤에 오는 분사로 '-ing/p.p.' 형태 중 무엇이 옳은지 묻는 문제를 풀 때, 수식받는 명사와 분사 사이에 '주격 관계대명사 + be동사'가 생략되어 있다고 가정하고 해당 표현을 넣어서 해석해 보면 문제를 수월하게 풀 수 있다.

ex) I accepted the wage (offering / offered) to me.
→ I accepted the wage which was **offered** to me.
나는 내게 제안된 임금을 받아들였다.

고득점 추가 포인트 | 부정형용사 vs. 일반 형용사

부정형용사란 일반 형용사와 달리 의미가 정해지지 않은 형용사를 의미한다.

일반 형용사 (형용사의 의미가 정해져 O)	smart students 똑똑한 학생들	일반 형용사 'smart(똑똑한)'가 students(학생들)의 범위와 의미를 한 정해준다.
부정형용사 (형용사의 의미가 정해져 있지 X)	some students 어떤 학생들	'some(어떤, 몇몇의)'이 정확히 누구인지를 한정하지 않는다. 예를 들어, A, B, C, D 총 4명의 학생이 있을 때, 이들 중 아무나 몇 명을 선택해도 some students가 된다.

Quiz　다음 문장에서 명사를 후치 수식하는 것에 대괄호 [ ] 표시를 하세요.

01　The legs of this table are too short.

02　The first man to step on the moon was Neil Armstrong.

03　The boy who is swimming in the pool looks fun.

04　The person likely to win the race has trained so hard.

05　The dog barking at the stranger is quite fierce.

Quiz 정답 01 of this table　02 to step on the moon　03 who is swimming in the pool　04 likely to win the race　05 barking at the stranger

③ 명사의 종류와 쓰임

1. 명사의 종류

셀 수 있는 명사(가산 명사)	단수 및 복수 형태로 사용 가능
셀 수 없는 명사(불가산 명사)	단수 형태로만 사용 가능

2. 명사의 쓰임♣

p. 59 참고♣

가산 명사는 문장에서 독립적으로 사용될 수 없다. 항상 한정사(관사·소유격·수사·지시형용사·부정형용사) 중 하나와 함께 쓰이거나 복수형 '-(e)s'와 함께 쓰여야 한다. 반면에, 불가산 명사는 문장에서 독립적으로 사용할 수 있으며, 한정사와 함께 쓰일 수도 있지만, 수를 나타내는 한정사(부정관사 a/an, 수사 one, two, three ⋯)와는 함께 쓰일 수 없다.

	단독 사용	관사 a/an 결합	관사 the 결합	소유격 결합
가산 단수	employee (X)	an employee (O)	the employee (O)	your employee (O)
가산 복수	employees (O)	an employees (X)	the employees (O)	your employees (O)
불가산 명사	information (O)	an information (X)	the information (O)	your information (O)

employee(직원)처럼 사람명사는 항상 가산 명사라는 점을 알아두자!

· She is beautiful woman. (X) → She is <u>a</u> beautiful <u>woman</u>. (O) 　그녀는 아름다운 여성이다.

· They are beautiful <u>women</u>. (O) 　그들은 아름다운 여성들이다.
　　　　　　　woman의 복수형 명사

✏️ **고득점 추가 포인트**　명사의 쓰임 관련 추가 포인트

두 개의 명사가 and로 연결되었지만 하나의 대상을 가리키는 경우 단수 동사가 와야 하며, 이때 and 뒤의 명사 앞에는 한정사가 올 수 없다.

ex) The famous speaker and ~~the~~ owner of the shop <u>speaks</u> at the conference
　　　　　　　　　　　　　　한정사 X　　　　　　　　　　단수 동사
　every week.

그 유명한 연설가이자 가게의 주인은 매주 컨퍼런스에서 연설한다.
→ 유명한 연설가와 가게의 주인이 한 명의 동일한 사람을 가리킨다.

MEMO

④ 가산 명사 vs. 불가산 명사

1. 가산 / 불가산 명사로 모두 쓰이나 각 의미가 다른 명사

가산 명사	불가산 명사
a light 조명	light 빛
a room 방	room 공간
a work 작품	work 일
times 시대	time 시기, 시간

2. 빈출 가산 명사와 불가산 명사 ⟶ 빈출 불가산 명사를 위주로 암기하자!

⟶ belongings는 luggage / baggage와 의미는 유사하지만 각각 가산 / 불가산 명사라는 차이가 있다.

빈출 가산 명사	a price 가격 a disaster 재해 measures 수단, 대책	a workplace 일터, 직장 a noise 소음 ☆ belongings 소지품	a result/outcome 결과 an excuse 변명	
☆ 빈출 불가산 명사	homework 숙제 evidence 증거 advice 조언 학문 / 과목명(politics 정치학 / statistics 통계학 / economics 경제학) -ry - 류(machinery 기계류 / jewelry 보석 / stationery 문구류)	certification 자격 furniture 가구 ☆ luggage / baggage 수하물, 짐	information 정보 clothing 의류	news 뉴스, 소식 equipment 장비

⟶ 집합명사를 만들어 내는 표현 단위

Quiz 둘 중 어법상 알맞은 것을 고르세요.

01 Security officers at the airport scan (luggage / belonging).

02 He closed the blinds so that (a light / light) would not enter the room.

Quiz 정답 01 luggage 02 light

MEMO

⑤ 부정관사 a(n)

1. 부정관사의 쓰임

부정관사는 가산 단수 명사 앞에만 오며, 복수 명사나 불가산 명사 앞에는 올 수 없다.

- He will apply to ~~an~~ exchange programs. 그는 교환 프로그램들에 지원할 것이다.

- The transportation of goods is done by ~~a~~ machinery. 물건의 운송은 기계에 의해서 이뤄진다.

2. 부정관사 관련 숙어 표현

모두 '다양한'이라는 의미로 해당 표현들 뒤에는 가산 복수 명사가 온다는 것이 중요하다. (p. 20 참고)

a series of 다양한, 일련의	a range of 다양한	a variety of 다양한
a part of 일부분의	a portion of 일부의	a bit of 약간의

⑥ 정관사 the

1. 정관사의 쓰임

정관사는 가산 단수, 가산 복수, 불가산 명사 앞에 모두 올 수 있다.

- Alan bought his wife the necklace she wanted. [the + 가산 단수 명사] Alan은 그의 부인에게 그녀가 원하던 목걸이를 사주었다.

- She used a telescope to view the moons of Mars. [the + 가산 복수 명사] 그녀는 화성의 위성들을 보기 위해 망원경을 사용했다.

- We advise guests not to drink the water. [the + 불가산 명사] 우리는 손님들에게 그 물을 마시지 말라고 충고한다.

☆ 2. 정관사와 함께 쓰이는 표현 암기 필수!

표현	예시
the + 최상급 + 명사 가장 ~한	the tallest member 가장 키가 큰 일원
the + 서수 + 명사 ~번째	the fourth Monday of March 3월의 넷째 월요일
the + same / only / very + 명사 같은/유일한/바로 그	the very gift 바로 그 선물
the + top / middle / bottom + 명사 꼭대기/중간/바닥	the top of the mountain 산꼭대기
by the + 단위/수량 표현 ~당/~만큼	by the hour 시간당
the + 유일한 것	the Eiffel tower 에펠 탑
☆☆☆ 전치사 + the + 신체 (주로 신체 접촉 동사☆와 함께 사용)	on the hair 머리카락 위에

🔖 고득점 추가 포인트 | **신체 접촉 동사 목록**

'잡다' 관련 동사	catch / grasp / hold / seize / take / pull + 사람 + by the + 신체 부위 ex) He caught my arm → He caught me by the arm. 그는 나의 팔을 잡았다.
'치다/때리다' 관련 동사	hit / strike / tap / touch + 사람 + on the + 신체 부위
'보다' 관련 동사	look / gaze / stare + 사람 + in the + 신체 부위

MEMO

_____

_____

_____

_____

_____

_____

_____

① 대명사의 개념

대명사는 명사를 대신하는 단어이다. 따라서 반드시 그 대명사 앞에 대명사가 대신해 주는 원명사(원래 명사)가 있어야 하며, 대명사는 대신 받는 원명사와의 관계(단수-단수, 복수-복수, 남성-남성 등)를 일치시켜 주어야 한다. 대명사의 종류에는 인칭대명사, 재귀대명사, 지시대명사, 부정대명사가 있다.

· The traffic of a big city is busier than (that / ~~those~~) of a small city. [2020년 국가직 9급]
  원명사(단수)   대명사(단수)

  대도시의 교통은 소도시의 그것(교통)보다 더 혼잡하다.

② 인칭대명사 / 재귀대명사

1. 인칭대명사와 재귀대명사의 개념

인칭대명사	사람이나 사물을 가리키는 대명사로 주격/소유격/목적격/소유 대명사가 있다.	I, you, she, he, it, they 등
재귀대명사	인칭대명사에 self(selves)를 붙여 '~ 자신'을 뜻하는 대명사	myself, herself, himself 등

2. 인칭대명사 / 재귀대명사의 종류 및 자리 각 대명사가 문장의 어느 '자리'에 오는지 아는 것이 중요!

		주격	소유격♣	목적격	소유대명사	재귀대명사
1인칭	단수	I	my	me	mine	myself
	복수	we	our	us	ours	ourselves
2인칭	단수	you	your	you	yours	yourself
	복수	you	your	you	yours	yourselves
3인칭	남성	he	his	him	his	himself
단수	여성	she	her	her	hers	herself
	사물	it	its	it	–	itself
	복수	they	their	them	theirs	themselves

주어 자리 · 명사 앞 자리 · 타목, 전목 자리 · 주어, 목적어, 보어 자리 · 타목, 전목 자리

♣고득점 추가 포인트 | 소유격 대명사의 강조 표현

소유격 대명사 뒤에 own이 붙으면, '~ 자신의, ~만의'라는 의미가 추가되어 강조 의미를 나타내준다. 의미만 강조될 뿐 소유격이라는 성질에는 변함이 없다. 따라서, '소유격 = 소유격 own'

ex) my 나의 → my own 나 자신의
    my business 나의 사업 → my own business 나 자신의 사업

MEMO

Quiz 보기 중 어법상 알맞은 것을 고르세요.

01 He will announce the company's plan _____ support to increase profits.

① their   ② they   ③ them   ④ theirs

02 The entrepreneurs launched a successful clothing line of _____ unique design.

① they   ② them   ③ their own   ④ themselves

Quiz 정답 01 ③ 02 ③

3. 소유대명사

'소유대명사 = 소유격 + 원명사'로, 대명사로서 문장의 주어, 목적어, 보어 자리에 올 수 있다.

· After Tom finished his presentation, Cindy also finished (~~her~~ / ~~she~~ / ~~herself~~ / hers).

= her + presentation(소유격 + 원명사)

Tom이 그의 발표를 끝낸 후에, Cindy 또한 그녀의 것(그녀의 발표)을 끝냈다.

Quiz 보기 중 해석 및 어법상 알맞은 것을 고르세요.

01 Although Mr. Adam's presentation was too long, _____ fit the time limit.

① me   ② my   ③ mine   ④ myself

02 Most of the designs used by architects are not _____.

① them   ② theirs   ③ they   ④ their

Quiz 정답 01 ③ 02 ②

4. 재귀대명사

■ 재귀대명사는 두 가지 용법으로 쓰일 수 있다.

용법	문장에서의 자리	용도
재귀적 용법	목적어 자리 ① 타동사의 목적어 ② 전치사의 목적어	타동사/전치사의 목적어가 주체와 동일한 경우
강조 용법	부사 자리 ① S + 재귀대명사 + V ② S + V + O + 재귀대명사	'스스로'라는 뜻으로 주체의 의미를 강조하는 경우

MEMO

Quiz 보기 중 해석 및 어법상 알맞은 것을 고르세요.

01 Kate Kim introduced _____ to the members at a meeting.

① herself   ② he   ③ hers   ④ she

02 I advised him to love _____ because self-confidence is very important.

① myself   ② himself   ③ him   ④ me

03 Tom _____ called me this morning.

① he   ② himself   ③ his   ④ him

Quiz 정답 01 ① 02 ② 03 ②

■ **재귀대명사의 관용 표현** = on one's own = alone ♣

by oneself	스스로(혼자서)
for oneself	자기를 위하여
in spite of oneself	자기도 모르게
beside oneself	이성을 잃고(흥분하여)
by itself	저절로
in itself	그 자체로(본질적으로)

Quiz 보기 중 해석 및 어법상 알맞은 것을 고르세요.

01 The little girl tied her shoelaces by _____ for the first time.

① herself   ② hers   ③ her   ④ she

02 Customers were asked to complete a questionnaire by _____.

① itself   ② herself   ③ himself   ④ themselves

03 He built the treehouse _____ using recycled materials.

① in himself   ② his   ③ by herself   ④ on his own

Quiz 정답 01 ① 02 ④ 03 ④

✏️ **♣고득점 추가 포인트** | **alone과 유사한 것들의 쓰임**

lone	한정적 용법	수식 역할
alone	서술적 용법	동사 뒤 위치(동사의 상태 표시)
lonely	한정적 용법, 서술적 용법	수식 역할, 동사 뒤 위치 (동사의 상태 표시)

MEMO

_____

_____

_____

_____

_____

_____

_____

③ 지시대명사

→ 공무원 시험에서는 'that/those + 전치사구' 형태가 자주 활용되므로 자주 함께 쓰이는
전치사인 of와 묶어서 'that of/those of'의 형태로 외워두면 편리하다!

1. 지시대명사 that vs. those (+ 전치사구 / 관계절 / 분사)

지시대명사 that과 those는 that / those가 대신하는 원명사와 수를 일치시킨다. 이때 지시대명사 that과 those는 단독으로 올 수 없으며, 뒤에 전치사구, 관계절, 분사와 같은 수식어가 따라온다.

반대로, 인칭대명사의 경우 무조건 단독으로 쓰여야 하며, 뒤에 전치사구/관계절/분사와 같은 수식어가 함께 쓰일 수 없다.

원명사가 단수	that 사용
원명사가 복수	those 사용

· I have five toys and I love (them / ~~those~~). 나는 5개의 장난감들을 가지고 있고, 그것들을 아주 좋아한다.
  → those는 수식어구가 와서 함께 쓰여야 하고 단독으로 쓰일 수 없다.

· The quality of our furniture is better than that of other furniture. 우리 가구의 질은 다른 가구의 그것(질)보다 더 좋다.

· Our products are more durable than (those / ~~them~~) of our competitors.
  우리 상품들은 우리 경쟁사들의 그것들(상품들)보다 더 견고하다.
  → 인칭대명사(them)는 단독으로 쓰여야 하고, 전치사구 / 관계절 / 분사 등의 꾸밈을 받을 수 없다.

Quiz ▷ 보기 중 어법상 알맞은 것을 고르세요.

01 The survey results for our new product are very similar to _____ for the old one.
  ① this　　　　② that　　　　③ them　　　　④ those

02 Many customers prefer our products because our warranty is longer than _____ of other shops.
  ① that　　　　② those　　　　③ it　　　　④ them

03 The second quarter's profits are higher than (that / those) of the first quarter.

04 My sister has five pretty dolls and I like to play with (those / them).

Quiz 정답 01 ④ 02 ① 03 those 04 them

MEMO

2. 지시대명사 those(~한 사람들)♣

지시대명사 those는 '~한 사람들'이란 뜻으로, 이때 반드시 뒤에서 수식어(전치사구, 관계절, 분사)의 꾸밈을 받는다. 이러한 those와 비슷한 표현으로는 people / anyone / anybody가 있다.

those / people anyone / anybody	+	수식어 (전치사구 / 관계절 / 분사)

> **Quiz** 보기 중 어법상 알맞은 것을 고르세요.
>
> 01 (These / Anyone) who registered for the workshop should contact me.
> 02 (Anyone / Those) who want to attend the event should contact Carla.
> 03 (Anybody / Those) who shows excellent computer skills will be hired.
> 04 _____ who is interested in the training seminar can contact this number.
>
> ① Anyone   ② Yourself   ③ One another   ④ Those

Quiz 정답 01 Anyone 02 Those 03 Anybody 04 ①

4 부정대명사

→ the는 나와 상대방이 맥락적으로 공이 총 몇 개 있는지 알고 있을 때만 쏠 수 있다.

1. one vs. another vs. others vs. [the] other vs. the others vs. other♣

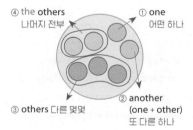

④ the others
나머지 전부
① one
어떤 하나
③ others 다른 몇몇
② another
(one + other)
또 다른 하나

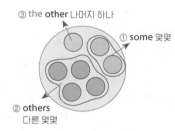

③ the other 나머지 하나
① some 몇몇
② others
다른 몇몇

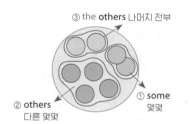

③ the others 나머지 전부
② others
다른 몇몇
① some
몇몇

> **♣고득점 추가 포인트** │ '~한 사람들' 표현 관련 출제 포인트
>
> ① '~한 사람들'을 의미하는 단어들은 수식어의 꾸밈을 받을 수 있는데, 특히 'who + V'의 형태의 수식을 많이 받으며, 이때 who 뒤의 동사의 '수 일치'가 출제 포인트이다.
>
> | those
people | → 복수 취급 | + | who + Ⓥ → 복수 동사 |
> |---|---|---|---|
> | anyone
anybody | → 단수 취급 | + | who + Ⓥ → 단수 동사 |
>
> ex) those who play the piano 피아노를 치는 사람들
>   anyone who plays the piano 피아노를 치는 누구나
>
> ② 동사 자리에는 be동사가 올 수 있는데, '주격 관계대명사 + be동사'는 생략할 수 있다. 따라서 those / people / anyone / anybody 바로 뒤에 '형용사/-ing/p.p.' 형태가 바로 올 수 있다.
>
> ex) people (who are) studying English
>   → people studying English 영어를 공부하는 사람들

> **♣고득점 추가 포인트** │ 부정형용사 other
>
> 부정형용사 other는 the other 및 the others와 비슷하게 생겼지만 부정대명사가 아닌 부정형용사이므로 뒤에 명사와 함께 쓰여야 한다.
>
> ex) I like other. (X)
>   I like other movies. (O) 나는 다른 영화들을 좋아한다.
>   부정형용사 + 명사

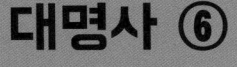

Quiz 보기 중 어법상 알맞은 것을 고르세요.

01 Our bakery is creating two new cake flavors. We'll introduce one first, then (another / the other) later.

02 Three films are in production. The release of one will come before (the other / the others).

03 ☆ One brand always competes with (another / the other).

04 One test has been completed, and (others / the others) are still being done.

05 They ordered salads instead of _____ heavy dishes for lunch.

   ① other   ② another   ③ another one   ④ each other

Quiz 정답 01 the other 02 the others 03 another 04 others 05 ①

2. some · any

	의미	사용
some	몇몇(의), 약간(의)	긍정문
any	조금(의), 어떤 ~라도	부정문, 의문문, 조건문, 긍정문

· The weather is cloudy only some of the time. 날씨는 가끔씩만 흐리다.

· After paying his rent, he doesn't have any money left. 그의 방세를 낸 후, 그는 조금의 돈도 남지 않았다.

3. all · every · each

	의미	사용
all	모든	all (of) + 복수 명사 + 복수 동사
		all (of) + 불가산 명사 + 단수 동사
every	모든	every + 단수 명사 + 단수 동사
		every + -thing/-body/-one + 단수 동사
each	각각(의)	each of + 복수 명사 + 단수 동사
		each + 단수 명사 + 단수 동사

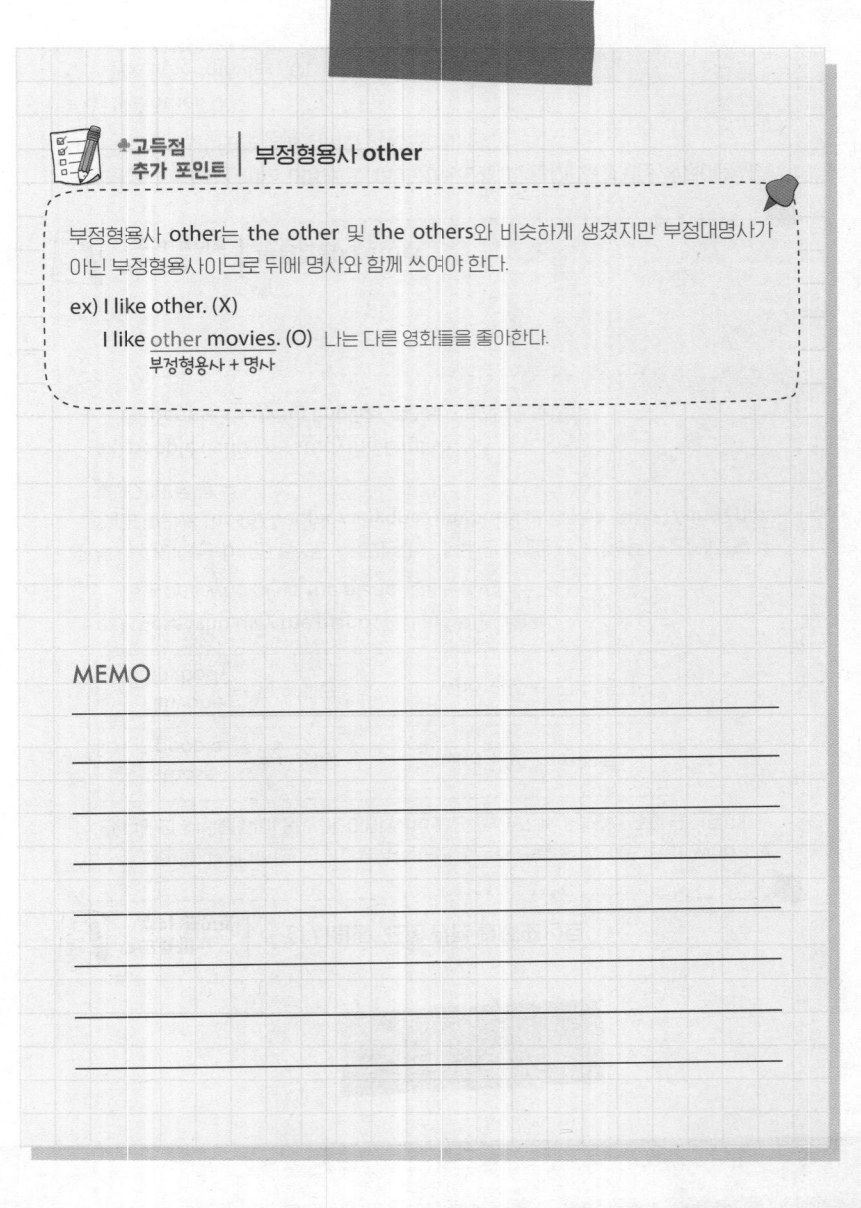

⊕고득점 추가 포인트 | **부정형용사 other**

부정형용사 other는 the other 및 the others와 비슷하게 생겼지만 부정대명사가 아닌 부정형용사이므로 뒤에 명사와 함께 쓰여야 한다.

ex) I like other. (X)
    I like <u>other</u> movies. (O) 나는 다른 영화들을 좋아한다.
       부정형용사 + 명사

MEMO
_____
_____
_____
_____
_____
_____
_____

· All (of) the tickets were sold out. 모든 티켓들이 매진되었다.

· Every book has a different ending. 모든 책에는 다른 결말이 있다.

· Each of the kids was wearing a hat. 각각의 아이들은 모자를 쓰고 있었다.

4. both · either · neither

	의미	사용
both	모든	both (of) + 복수명사 + 복수동사
either	둘 중 어느 것이든/ 누구든	either of + 복수명사 + 단/복수동사
		either + 단수명사 + 단수동사
neither	둘 중 어느 것도/ 누구도	neither of + 복수명사 + 단/복수동사
		neither + 단수명사 + 단수동사

· Both (of) the players are exhausted. 두 선수들 모두 지쳐 있다.

· Either of the plans is[are] excellent. 둘 중 어느 계획이든 훌륭하다.

· Neither of the kids has[have] a bag. 그 아이들 둘 중 누구도 가방을 가지고 있지 않다.

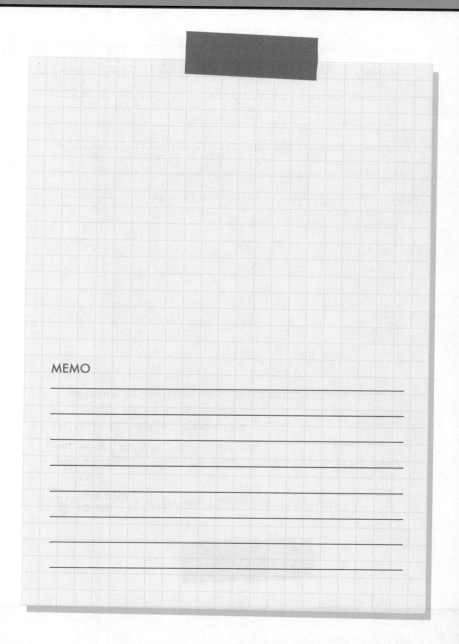

MEMO

1 형용사와 부사의 자리

1. 형용사와 부사

	자리	예문
형용사	(관사 +) (부사 +) 형용사 + 명사	That's a pretty good <u>guess</u>. 그건 꽤 훌륭한 추측이야.
	형용사 + 복합명사	Our conductor has great <u>leadership skills</u>. 우리 지휘자는 뛰어난 통솔력을 지니고 있다.
	명사 + 형용사♣	The airline had no more seats <u>available</u>. 그 항공사에는 더 이상 이용 가능한 좌석이 없었다.
부사	'동사 + 목적어'의 앞이나 뒤	Ben <u>treats his customers</u> well. Ben은 그의 손님을 잘 대접한다.
	'조동사 + -ing/p.p.' 사이나 그 뒤	The old car is running <u>smoothly</u>. 그 오래된 차는 순조롭게 작동하고 있다.
	(동사 이외의 것을 수식할 때) 수식 받는 것 앞	The new coffee grinder works really <u>well</u>. 새 커피 분쇄기는 정말 잘 작동한다.

2. of + 추상명사 = 형용사

> of와 추상명사 사이에 정도를 나타내는 형용사가 자주 온다.
> ex) of great help 아주/크게 도움이 되는

be +	of importance of help of use	=	important 중요한 helpful 도움이 되는 useful 유용한

· His research on snails was <u>of interest</u> to me. 달팽이에 대한 그의 연구는 나에게 흥미로웠다.
(= interesting)

✏️ **고득점 추가 포인트** | **-able/-ible로 끝나는 형용사의 명사 수식**

'-able/-ible'로 끝나는 형용사는 명사를 뒤에서 수식할 수 있으며, -where, -thing, -one, -body로 끝나는 명사는 항상 뒤에서 수식한다.

ex) The scientist tried <u>every way</u> possible.
그 과학자는 가능한 모든 방법을 시도해 보았다.
We need to go <u>somewhere</u> quiet. 우리는 조용한 어딘가로 갈 필요가 있다.

MEMO
_____
_____
_____
_____
_____
_____
_____

② 수량 관련 형용사

1. 수 형용사

수 형용사는 수를 나타내는 형용사로 수를 셀 수 있는 '가산 명사'와 함께 쓰인다.

■ 단수 형용사

하나의 수를 나타내는 형용사로 '가산 단수 명사'와 함께 쓰인다.

one 하나의	a/an 하나의	
every 모든	a single 하나의	+ 가산 단수 명사
each 각각의	either 어느 한쪽의	
another 또 다른	neither 어느 ~도 - 않다	

■ 복수 형용사

하나보다 많은 수를 나타내는 형용사로 '가산 복수 명사'와 함께 쓰인다.

many / multiple / numerous / various / several a number of / a range of / a variety of / a diversity of a series of / a selection of / a couple of a few / few	+ 가산 복수 명사

→ 각 어휘의 뜻보다는 해당 형용사 뒤에 가산 복수 명사가 온다는 사실이 중요하다.

MEMO

2. 양 형용사

양 형용사는 양을 나타내는 형용사로 '불가산 명사'와 함께 쓰인다.

much (양이) 많은 **cf** many + 가산 복수 명사 a little / little (양이) 약간 있는/거의 없는 a (great) deal of (양이) 많은 a (large) amount of (양이) 많은	+ 불가산 명사	불가산 명사는 단수 취급하므로 불가산 명사 주어 뒤 동사 자리에는 단수 동사가 온다.

3. 수 + 양 형용사

수 + 양 형용사는 표현 그대로 '수'와 '양'을 모두 나타낼 수 있는 형용사로 '가산 복수 명사' 및 '불가산 명사'와 모두 함께
쓰일 수 있다.

all 모든 most 대부분의 some 일부, 몇몇 more 더 많은 a lot of(= lots of) 많은 plenty of 많은	+	가산 복수 명사 불가산 명사

Quiz 둘 중 어법상 알맞은 것을 고르세요.

01 (All / Every) factory in this city must be equipped with the extinguishers in each of its rooms.

02 (All / Every) individual was given an educational booklet on improving communication skills.

03 At the year-end party, the CEO, Justin Park, praised (several / each) members of the staff for their achievements.

04 (Many / Much) time was spent editing the article rather than proofreading it.

05 (A great deal of / A number of) luggage gets misplaced by airlines every year.

Quiz 정답 01 Every 02 Every 03 several 04 Much 05 A great deal of

MEMO

4. 수량 표현 + of(~들 중의) + the + 명사

> 수량 표현 뒤의 of(~들 중의)와 명사 사이에는 the가 아니더라도 '한정사(관사, 소유격, 수사, 지시형용사, 부정형용사)'가 꼭 들어가야 한다. 주로 '정관사 the'가 온다.
> ∴ 수량 대명사 + of + ☆한정사 + 명사

부분/전체를 나타내는 표현	all ↔ none most some half the rest 분수, portion, percent any, a lot / lots, part, the bulk	+ of 명사 of 뒤 명사의 수에 동사의 수를 맞춘다

5. ☆ 수사 + 하이픈(-) + 단위표현 = 형용사

형용사 역할을 하는 '수사 + 하이픈(-) + 단위표현'에서 '단위표현'은 항상 '단수'로 사용한다.

수사 + 하이픈(-) +	story ~층의 meter ~미터의 minute ~분의 kilogram ~킬로그램의 year-old♣ ~세의

- I am 20 years old. 나는 스무 살이다.
  - ↓ 20 years old에 하이픈을 넣으면 명사 앞에서 명사를 꾸며주는 형용사가 된다. 이때 단위표현(years-old)은 단수형(year-old)으로 바꿔준다.
  - I am a 20-year-old woman. 나는 스무 살인 여자이다.
- A (~~30 minutes~~ / 30-minute) presentation is scheduled for this afternoon. 30분 분량의 발표가 오늘 오후로 잡혀 있다.
- My parents recently moved into a (~~two-stories~~ / two-story) house. 나의 부모님은 최근에 이층집으로 이사했다.

> **Quiz** 둘 중 어법상 알맞은 것을 고르세요.
>
> 01 A (thirty-stories / thirty-story) apartment building is the tallest one in the city.

Quiz 정답 01 thirty-story

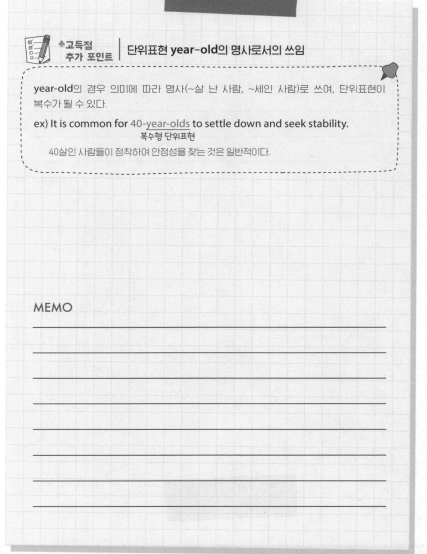

♣고득점 추가 포인트 | 단위표현 year-old의 명사로서의 쓰임

year-old의 경우 의미에 따라 명사(~살 난 사람, ~세인 사람)로 쓰여, 단위표현이 복수가 될 수 있다.

ex) It is common for 40-year-olds to settle down and seek stability.
　　　　　　　　　　　　복수형 단위표현

40살인 사람들이 정착하여 안정성을 찾는 것은 일반적이다.

MEMO

③ 부사

1. 형태가 유사해서 혼동을 주는 형용사와 부사

	형용사	부사	예문
late	늦은	늦게	a late dinner 늦은 식사 He arrived late. 그는 늦게 도착했다.
lately	–	최근에	I haven't seen her lately. 나는 최근에 그녀를 보지 못했다.
near	가까운	가까이, 근처에	near side 가까운 쪽 Summer is coming near. 여름이 가까이 오고 있다.
nearly	–	거의	I get cold nearly every winter. 거의 매 겨울 나는 감기에 걸린다.
most	대부분의, 가장 많은	가장 많이	most people 대부분의 사람들 I like pizza most. 나는 피자를 가장 많이 좋아한다.
mostly	–	대체로, 주로	The streets are mostly empty. 그 거리는 대체로 비어 있다.
almost	–	거의	I was almost exhausted. 나는 거의 기진맥진한 상태였다.
hard	힘든, 단단한	열심히, 심하게	hard training 힘든 훈련 I studied hard. 나는 열심히 공부했다.
hardly		거의 ~ 않는	We hardly talk to each other. 우리는 서로 거의 대화하지 않는다.
high	높은	높게	high score 높은 점수 The birds fly high. 새들은 높게 난다.
highly	–	매우	She is highly successful. 그녀는 매우 성공했다.

2. 부정 부사 + 부정어 (X)

부정 부사 hardly, barely, rarely, scarcely, seldom은 not과 같은 부정어와 함께 사용할 수 없다.

· Steve is rarely ~~not~~ late for his appointments. Steve는 약속에 거의 늦지 않는다.

MEMO

3. such vs. so

	such 그러한 / 정말 ~한	**so** 정말
품사	형용사	부사
어순	such + 관사 + 형용사 + 명사	so + 형용사 + 관사 + 명사

- She is such a smart student. 그녀는 정말 똑똑한 학생이다.
- She is so smart a student. 그녀는 정말 똑똑한 학생이다.

Quiz 둘 중 어법상 알맞은 것을 고르세요.

01 The professor spoke (so / such) quietly that I couldn't hear her.

02 I've never seen (so / such) things.

03 Tina is (so / such) a wise woman that she doesn't need any advice.

04 Tina is (so / such) wise a woman that she doesn't need any advice.

Quiz 정답 01 so 02 such 03 such 04 so

4. either vs. neither vs. nor

→ either에서 부정(not)의 의미가 첨가되었다!
not + either = neither

	either ~도 역시	**neither** ~도 역시 아닌	**nor** ~도 역시 아니다
품사	부사	부사	접속사
위치	문장 맨 끝(문미)	문두, 문미	문두

→ nor는 neither에 접속(and)의 의미가
추가되어 다른 접속사 없이 절을 연결한다.
nor = and + neither

- I don't like Sushi and my wife does not like it, (too / either). 나는 초밥을 좋아하지 않고, 내 아내도 역시 그것을 좋아하지 않는다.
- = I don't like Sushi and neither does my wife like it. (neither가 문두에 와서 주어(my wife)와 동사(does)가 도치)
- = I don't like Sushi nor does my wife like it. (nor가 접속사 역할을 하므로 문장과 문장이 접속사 nor로 연결)

고득점 추가 포인트 | either vs. too

	either	too
의미	~도 역시	
특징	부정문과 호환	긍정문과 호환

ex) You don't love me and I don't love you, either.
너는 나를 사랑하지 않고, 나도 역시 너를 사랑하지 않는다.
→ I don't love you라는 부정문이 왔으므로 부정문과 호환되는 either 사용

You love me and I love you, too. 너는 나를 사랑하고 나도 역시 너를 사랑한다.
→ I love you라는 긍정문이 왔으므로 긍정문과 호환되는 too 사용

고득점 추가 포인트 | 문두에 오는 neither

neither는 '~도 역시 아닌'이라는 의미의 '부정 부사'이므로 문두에 올 경우, 도치가 일어난다. 도치 시 어순은 'neither + 조동사 + 주어 + 동사'이다.
(p. 108에서 관련 설명 참고)

① 시간을 나타내는 전치사♣

in	월, 연도, 시간(~ 후에)	in January 1월에 in 2013 2013년에 in five hours 5시간 후에
	계절, 세기	in spring 봄에 in the twenty-first century 21세기에
	오전, 오후, 저녁	in the morning 오전에 in the afternoon 오후에 in the evening 저녁에
at	시각, 시점	at 3 o'clock 3시에 at the beginning of class 수업 시작에
	정오, 밤, 새벽	at noon 정오에 at night 밤에 at dawn 새벽에
on	날짜, 요일, 특정일	on May 1 5월 1일에 on Monday 월요일에 on Independence Day 독립 기념일에

② 장소를 나타내는 전치사

in	(상대적 큰 공간) 내의 장소	in the world 세계에 in the room 방에
at	지점·번지	at the station 역에 at 31 Park Avenue Park가 31번지에
on	표면 위·일직선상의 지점	on the shelf 선반 위에 on the street 길에

☆☆ ☆☆☆☆ ③ in / at / on 숙어 표현

in	☆ in time 제때에	in place 제자리에	in reality 실제로는	in one's opinion ~의 의견으로는
	in advance 사전에	in order 정돈되어	in effect 효력을 발휘하여	
at	at once 즉시 (= immediately)	at a 형 pace ~한 속도로	at the rate of ~의 비율로	☆ at the latest 늦어도 (= no later than)
	at times 때때로 (= sometimes)	at a 형 speed ~한 속도로 ↳ ex) at a fast speed 빠른 속도로	at the age of ~의 나이로	☆ at one's convenience ~가 편한 때에
	☆ at least 적어도	at a 형 price ~한 가격으로	at a charge of ~의 비용 부담으로	at one's expense ~의 희생의 대가로
on	☆ on time 정시에	on the list of ~의 목록에	☆ on a regular basis♣ 정기적으로, 규칙적으로	

📝 ♣고득점 추가 포인트 │ 시간을 나타내는 전치사 in / at / on과 같이 쓸 수 없는 시간 표현

'next, last, this, that, one, every, each, some, any, all'을 포함한 시간 표현 단위 앞에는 전치사 in / at / on을 사용할 수 없다. 해당 표현들이 시간 명사를 꾸미면 해당 명사 덩어리는 부사구이다. 부사는 전치사의 도움이 필요 없다.

ex) See you ~~on~~ next Friday. 다음 주 금요일에 보자.
I stayed up ~~at~~ all night. 나는 밤새 깨어 있었다.

📝 ♣고득점 추가 포인트 │ on a regular basis 관련 표현

on a regular basis 외에도 'on a ~ basis' 구문을 활용한 다양한 숙어가 있다.

on a	daily weekly monthly yearly	basis =	날마다 주마다 달마다 해마다

[4] 시점을 나타내는 전치사

since ~ 이래로 from ~부터 before / prior to ~ 전에 until / by♣ ~까지 after / following ~ 후에	+ 시점	since 2000 2000년 이래로 from March 3월부터 before Friday / prior to Friday 금요일 전에 until 11 / by 11 11시까지 after / following this week 이번 주 후에

Quiz 둘 중 어법상 알맞은 것을 고르세요.

01 The lunch special is available (by / until) two o'clock.

02 Make sure to give me a call (by / until) noon.

Quiz 정답 01 until 02 by

[5] 기간을 나타내는 전치사

for / during♣ ~ 동안 over / throughout ~ 동안, ~ 내내 within ~ 이내에	+ 기간	for two weeks 2주 동안 over the summer 여름 동안, 여름 내내 within 10 days 10일 이내에	during holidays 휴일 동안 throughout the year 1년 동안, 1년 내내

Quiz 둘 중 어법상 알맞은 것을 고르세요.

01 I will be volunteering in India (for / during) five weeks.

02 The Pope will be visiting London (for / during) August.

Quiz 정답 01 for 02 during

♣고득점 추가 포인트 | until vs. by

'탕수육 한 그릇을 11시까지 배달해 주세요'에서 '11시까지'를 영어로 나타내면 by일까 until일까? 전치사(~까지)와 해석적으로 연계되어 있는 동사(배달하다)의 성질을 파악하면 by와 until 중에 무엇을 써야 할지 알 수 있다.

until	해당 시점까지 연속성을 나타내는 동사와 함께 사용
by	해당 시점까지 일회성을 나타내는 동사와 함께 사용

탕수육을 배달하는 것은 11시까지 계속해서 배달을 하는 것이 아니라 11시까지 한 번만 배달해 주면 되는 일회성 동작이므로 전치사 by를 사용해야 한다.

♣고득점 추가 포인트 | for vs. during

for	주로 숫자를 포함한 시간 표현과 함께 사용 ex) for two weeks
during	주로 일반 명사와 함께 사용 ex) during holidays

⑥ 위치를 나타내는 전치사

above / over	~ 위에	He felt like he was flying above / over the clouds. 그는 구름 위로 날고 있는 것처럼 느꼈다.
below / under(neath)	~ 아래에	She dropped her contact lens below / under / underneath the table. 그녀는 탁자 아래로 그녀의 콘택트렌즈를 떨어뜨렸다.
beside♣ / next to	~ 옆에	There's a bookshelf beside / next to the desk. 책상 옆에 책장이 있다.
between / among	~ 사이에	Scarlet stood between two people. Scarlet이 두 사람 사이에 섰다.
around	~ 주위에	We walked for a while around the park. 우리는 잠시 동안 공원 여기저기를 걸었다.
near	~ 근처에	Is there a bank near the airport? 공항 근처에 은행이 있습니까?
within	~ 이내에	A yearly barbecue is held within the community. 매년 바비큐 파티가 지역사회 내에서 개최된다.

└ between은 둘 이상의 사이를 나타낼 때 쓰고 among은 셋 이상의 사이를 나타낼 때 쓴다.

Quiz 둘 중 어법상 알맞은 것을 고르세요.

01 His car was parked (among / between) two vans.

02 Weeds sprouted (among / between) the many flowers.

03 (Beside / Besides) the introduction, the book is 175 pages long.

Quiz 정답 01 between 02 among 03 Besides

✎ **고득점 추가 포인트** | beside vs. besides

beside	전치사	= next to (~ 옆에) = near
besides	① 전치사	= in addition to (~ 외에도)
	② 접속부사	= also (또한)

MEMO

_____

_____

_____

_____

_____

_____

_____

_____

7 방향을 나타내는 전치사

1. 방향을 나타내는 전치사

from	~로부터	I got a letter from Thomas. 나는 Thomas로부터 편지를 받았다.
to	~에게, ~으로	He wrote a complaint to the editor. 그는 편집자에게 불만을 써서 보냈다.
for	~을 향해	She has already departed for Boston. 그녀는 이미 보스턴을 향해 출발했다.
toward	~ 쪽으로	The storm is blowing toward the south. 폭풍은 남쪽으로 불고 있다.
across	~을 가로질러	With binoculars she could see across the lake. 쌍안경으로 그녀는 호수를 가로질러 볼 수 있었다.
along	~을 따라	Palm trees were planted along the road. 야자 나무는 길을 따라 심겨 있었다.
up	~ 위로	Take the escalator up three floors. 에스컬레이터를 타고 위로 세 층 가세요.
down	~ 아래로	Room 205 is located down the hall. 205호는 복도 아래쪽에 위치해 있다.
into	~ 안으로	She stepped into the car. 그녀는 차 안으로 들어갔다.
out of	~ 밖으로	Andrew drove out of the parking lot. Andrew는 주차장 밖으로 운전해 나갔다.

☆ 2. 방향을 나타내는 전치사 관용 표현

across the world = all over the world = around the world		전 세계적으로	
under discussion	토론 중인	under control	통제 하에 있는
under consideration	고려 중인	under pressure	압력을 받고 있는
under way	진행 중인	under the name of	~의 이름으로

· Internet access is available in countries all over the world.
인터넷 접속은 전 세계적으로 국가들에서 이용할 수 있다.

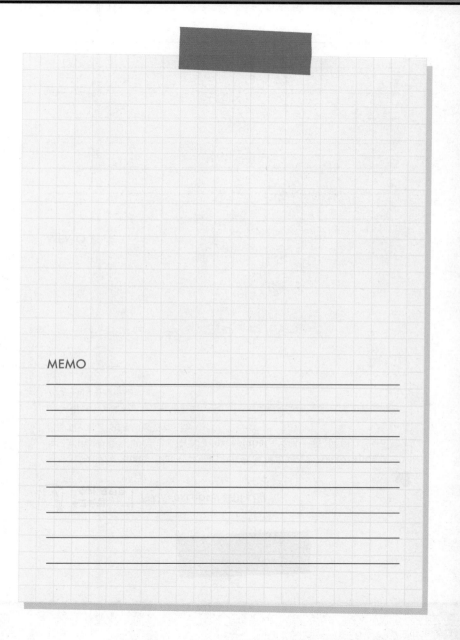

MEMO

Chapter 14 ▶ 전치사 ⑤

8 이유 / 양보 / 목적을 나타내는 전치사

because of / due to / owing to	~ 때문에[이유]
despite / in spite of	~에도 불구하고[양보]
for	~을 위해[목적]

- The game was canceled because of the rain. 그 경기는 비 때문에 취소되었다.
- Despite strong winds, the plane experienced a smooth takeoff. 강한 바람에도 불구하고, 비행기는 부드럽게 이륙했다.

9 ☆☆☆ '~에 관하여'라는 의미의 전치사

about / over / of / on	as to / as for	regarding / concerning
with / in respect to	with / in reference to	with / in regard to

- We have never heard of that institute. 우리는 그 단체에 관하여 들어본 적이 없다.
- He takes no position with respect to the recent rumor. 그는 최근의 소문에 관하여 아무런 입장도 취하지 않는다.

10 기타 전치사

except♣ (for)	~을 제외하고 = but	like	~처럼
by	~에 의해 / ~을 타고 / ~만큼	unlike	~와 달리
through	~을 통해 / ~을 통과하여	against	~에 반대하여
with	~을 가지고 / ~와 함께	beyond	~을 넘어
without	~ 없이, ~ 없는	for	~에 비해서

- Everyone was able to attend except (for) Craig. Craig를 제외하고 모두가 참석할 수 있었다.
- The company's stock dropped by 15 percent. 그 회사의 주식은 15퍼센트만큼 떨어졌다.

♣고득점 추가 포인트 | 전치사 except의 특이 사항

원래 전치사 뒤에 'that절(that + 주어 + 동사)'은 올 수 없지만 전치사 except는 예외적으로 that절을 목적어로 받을 수 있다. 'except that + 주어 + 동사(주어가 동사하는 점을 제외하고)'의 형태를 기억하자.

ⓖ 전치사 in도 뒤에 that절과 함께 쓰여 'in that + 주어 + 동사(주어가 동사한다는 점에 있어서)'로 쓰임을 함께 알아두자.

MEMO

_____

_____

_____

_____

_____

_____

⑪ 기타 전치사 숙어 표현

by	by telephone / fax / mail 전화/팩스/우편으로	by land 육로로
	by cash / check / credit card 현금/수표/신용카드로	by law 법에 의해
through	through the use of ~의 사용을 통해서	through cooperation 협력을 통해
with	with no doubt 의심할 바 없이	with the aim of ~을 목적으로
	with no exception 예외 없이	with emphasis 강조하여
	dispense with ~을 필요 없이 하다	consistent with ~와 일치하는
without	without regularity 규칙 없이	without approval 승인 없이
against	against the law 불법인, 법에 저촉되는	act against one's will ~의 의지에 반하여 행동하다
beyond	beyond repair 수리가 불가능한	beyond one's capacity ~의 능력 밖인
기타	appeal to ~에 호소하다	identical to ~와 똑같은
	sensitive to ~에 민감한	add A to B A를 B에 더하다
	renowned for ~으로 유명한	consist of ~로 구성되다
	absent from ~에 결석한	transform A into B A를 B로 변화시키다

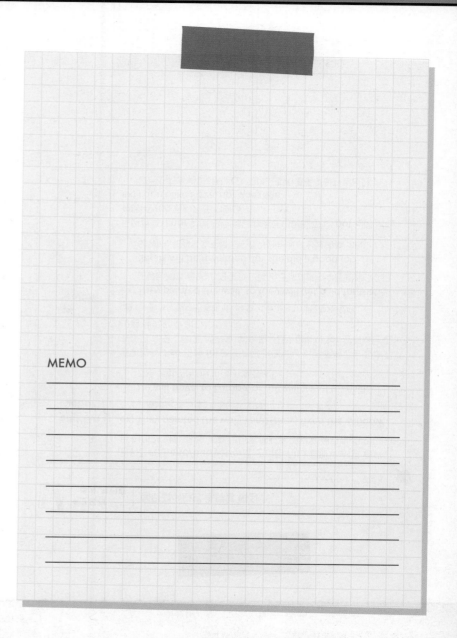

MEMO

1 등위접속사

1. 등위접속사의 개념
등위접속사는 단어와 단어, 구와 구, 절과 절을 대등하게 연결한다.

- Fruit is <u>delicious</u> and <u>healthy</u>. 과일은 맛있고 건강에 좋다.
  　　　　　단어　　　　　단어

- You should <u>read this article</u> and <u>write a review</u>. 너는 이 기사를 읽고 평론을 써야 한다.
  　　　　　　　　구　　　　　　　　　　구

- <u>Jane cleaned the room</u>, and <u>Mike did the dishes</u>. Jane은 방을 청소했고 Mike는 설거지를 했다.
  　　　　　　절　　　　　　　　　　　　　절

2. 등위접속사의 종류 ♣

for 왜냐하면　　and 그리고　　nor ~도 역시 - 않다　　but 그러나　　or 또는　　yet 그러나　　so 그래서

💡 암기 tip! 등위접속사들의 앞 글자를 따서 fanboys로 기억하자!

3. 등위접속사의 특징
☆
■ 3개의 단어나 구, 절은 'A, B, + 등위접속사 + C' 형태로 연결해야 한다.

- The doctor specializes in problems with <u>the ears, nose, and throat</u>. 그 의사는 귀, 코 그리고 목에 생기는 문제를 전문으로 한다.

■ 등위접속사로 연결된 구나 절에서 반복되는 단어는 생략할 수 있다.

- This new windbreaker is perfect for rainy (weather) or windy weather. 이 새 점퍼는 비가 오거나 바람이 부는 날씨에 적합하다.

■ 등위접속사 없이 단어와 단어, 구와 구가 바로 연결될 수 없다.

- After the semester is finished, <u>students professors</u> should complete a survey.
  　　　　　　　　　　　　　　　　　　　　　∧
  　　　　　　　　　　　　　　　　　　　　　and
  학기가 끝난 후에, 학생들과 교수들은 설문 조사를 작성해야 한다.

■ 등위접속사는 문맥에 맞는 것을 선택해야 한다.

- He couldn't find his watch, (so / ~~for~~) he bought a new one. 그는 손목시계를 찾을 수 없어서, 새것을 샀다.

■ 주어가 and로 연결되면 복수 동사를 쓰고, or로 연결되면 마지막 주어에 동사의 수를 일치시킨다.

- My brother and sister <u>are</u> kind to everyone. 내 남동생과 여동생은 모두에게 친절하다.

- The manager or the employees <u>have</u> to address this issue. 매니저나 직원들이 이 문제를 해결해야 한다.

📝 ♣고득점 추가 포인트 │ 등위접속사의 종류별 특징

and/but yet/or	등위접속사 and/but/yet/or로 연결된 구나 절에서 서로 중복되는 단어가 있을 때 두 번째 구나 절에서는 그것을 생략할 수 있다. ex) They painted the wall(,) and (they) <u>fixed</u> the window. 　　그들은 벽을 칠했고, 창문을 고쳤다. 　　He will travel to Europe, <u>or</u> (he will travel to) Asia. 　　그는 유럽 또는 아시아를 여행할 것이다.
☆ **so/for**	등위접속사 so 또는 for로 연결된 절에서는 서로 중복되는 단어가 있다고 해도 그것을 생략할 수 없다. 또한 접속사 for 앞에서는 콤마를 생략할 수 없다. cf for를 제외한 다른 등위 접속사 앞에 온 콤마는 생략할 수 있다. ex) They painted the wall, <u>so</u> they will get paid for that. 　　그들은 벽을 칠했고, 그 결과 그들은 그에 대해 보수를 받을 것이다. 　　Sarah will be rewarded, <u>for</u> she did a good job. 　　Sarah는 훌륭히 업무를 완수했기 때문에 보상을 받을 것이다.
nor	등위접속사 nor 앞에 오는 절은 부정문이어야 하고, nor 뒤에 오는 절은 주어와 동사가 도치된다. ex) I don't like Pizza, <u>nor</u> does she. 　　나는 피자를 좋아하지 않고, 그녀도 피자를 좋아하지 않는다.

② 상관접속사

종류	의미	수 일치 기준
both A and B	A와 B 둘 다	항상 복수 취급
either A or B	A 또는 B 중 하나	B에 수 일치
not A but B	A가 아니라 B	
neither A nor B	A도 B도 아닌	
not only A but (also) B	A뿐만 아니라 B도	
A as well as B	B뿐만 아니라 A도	A에 수 일치

· Both the buses (and / ~~or~~) the trains are running late. 버스와 기차 둘 다 늦고 있다.

· Both paper and plastic items (need / ~~needs~~) to be recycled. 종이와 플라스틱 물품들은 모두 재활용되어야 한다.

· Either credit cards or <u>cash</u> (is / ~~are~~) an acceptable form of payment. 신용카드 또는 현금이 받아들여지는 결제 수단이다.

· <u>Marcy</u> as well as her parents (prefers / ~~prefer~~) to eat at home. Marcy의 부모님뿐만 아니라 Marcy도 집에서 먹는 것을 선호한다.

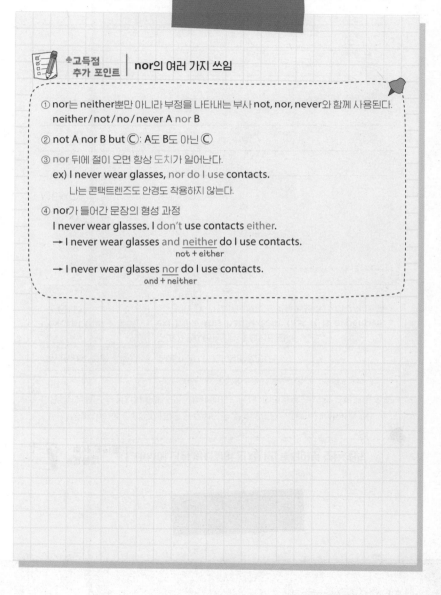

🔹고득점 추가 포인트 | **nor의 여러 가지 쓰임**

① nor는 neither뿐만 아니라 부정을 나타내는 부사 not, nor, never와 함께 사용된다.
   neither / not / no / never A nor B

② not A nor B but ⓒ: A도 B도 아닌 ⓒ

③ nor 뒤에 절이 오면 항상 도치가 일어난다.
   ex) I never wear glasses, nor do I use contacts.
       나는 콘택트렌즈도 안경도 착용하지 않는다.

④ nor가 들어간 문장의 형성 과정
   I never wear glasses. I don't use contacts either.
   → I never wear glasses and <u>neither</u> do I use contacts.
                              not + either
   → I never wear glasses <u>nor</u> do I use contacts.
                          and + neither

① 명사절 접속사의 개념

1. 명사절 접속사의 종류

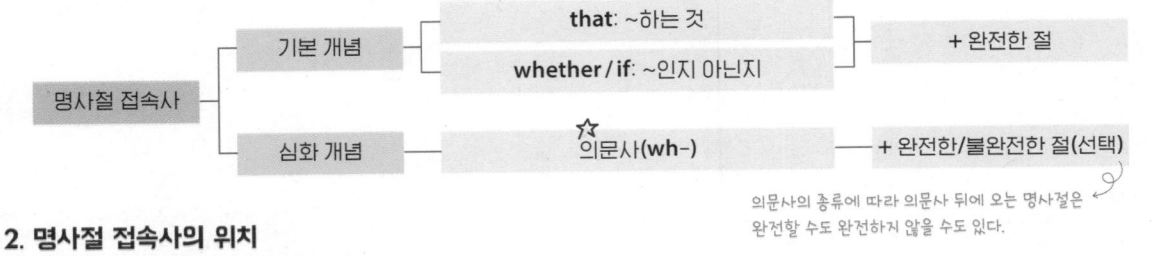

의문사의 종류에 따라 의문사 뒤에 오는 명사절은
완전할 수도 완전하지 않을 수도 있다.

2. 명사절 접속사의 위치

원론적으로는 명사 역할을 하기 때문에 명사가 올 수 있는 위치, 즉 '주어/타목/전목/주보/목보/동격'의 자리에 올 수 있어야 한다. 하지만, 실제로는 명사절 접속사가 해당 자리에 모두 올 수는 없는데, 이는 아래의 원고에서 차근차근 배우도록 하자.

② that에 의한 명사절

1. 명사절 접속사 that의 위치

that에 의한 명사절은 명사 역할을 하므로, 원론적으로 명사와 동일한 위치에 올 수 있어야 하지만, 전치사의 목적어 자리와 목적격 보어 자리에는 올 수 없다.

	명사의 위치	that에 의한 명사절의 위치
1	주어	주어
2	타목(타동사의 목적어)	타목(타동사의 목적어)
3	전목(전치사의 목적어)	전목(전치사의 목적어)♣
4	주보(주격 보어)	주보(주격 보어)
5	목보(목적격 보어)	목보(목적격 보어)
6	동격	동격

• 명사가 올 수 있는 자리: 총 6개
• that 명사절이 올 수 있는 자리: 4개

• That he is exhausted **is evident.** [주어] 그가 지쳤다는 것이 명백하다

• **The fact is** that they don't like each other. [주보] 진실은 그들이 서로를 좋아하지 않는다는 것이다.

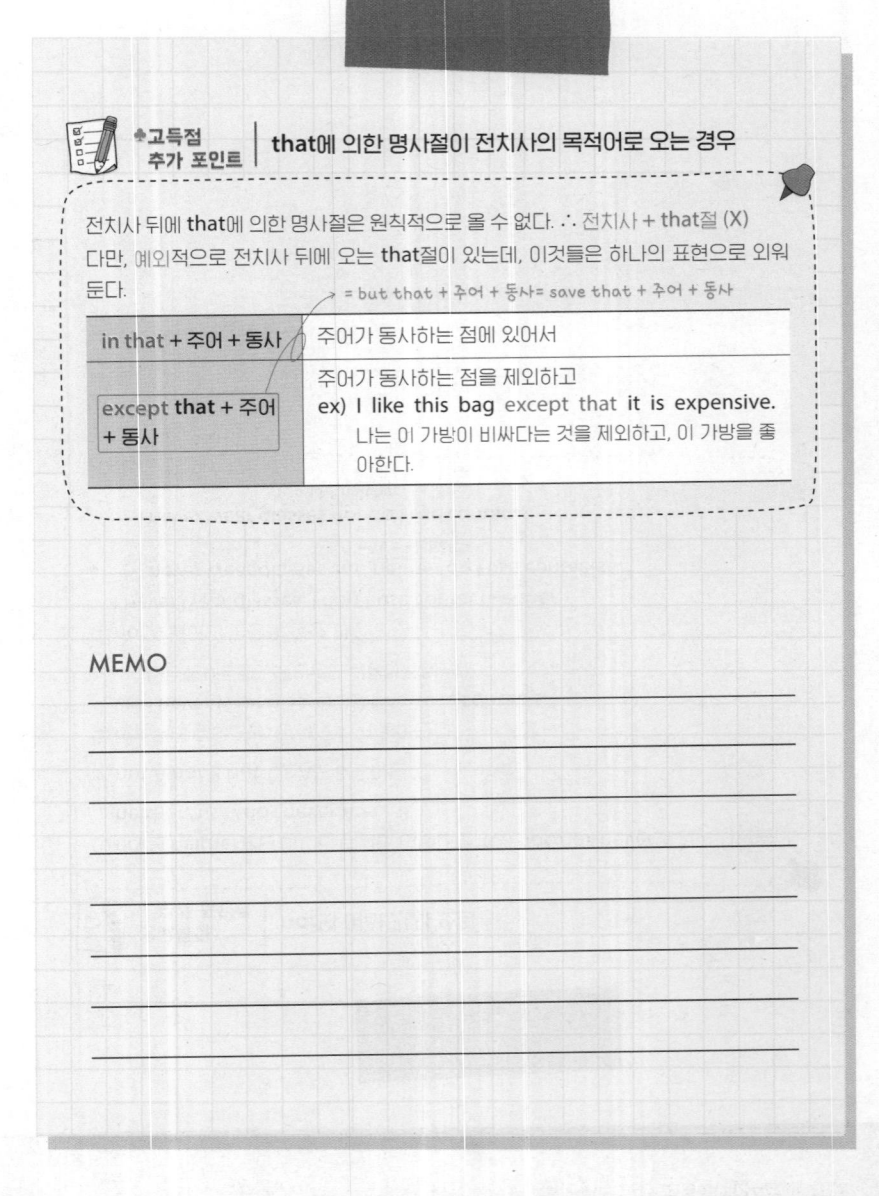

★고득점 추가 포인트 | **that**에 의한 명사절이 전치사의 목적어로 오는 경우

전치사 뒤에 **that**에 의한 명사절은 원칙적으로 올 수 없다. ∴ 전치사 + that절 (X) 다만, 예외적으로 전치사 뒤에 오는 that절이 있는데, 이것들은 하나의 표현으로 외워 둔다.

= but that + 주어 + 동사 = save that + 주어 + 동사

in that + 주어 + 동사	주어가 동사하는 점에 있어서
except that + 주어 + 동사	주어가 동사하는 점을 제외하고 ex) I like this bag except that it is expensive. 나는 이 가방이 비싸다는 것을 제외하고, 이 가방을 좋아한다.

MEMO

_____

_____

_____

_____

_____

· I hope (that) this problem can be solved. [타목] 나는 이 문제가 해결될 수 있기를 바란다.

· They informed me that there was going to be a blackout. [타목] 그들은 정전이 있을 것이라고 내게 알려주었다.

· I know the fact that he likes me. [동격] 나는 그가 나를 좋아한다는 사실을 안다.

· She is fortunate in that she has a lot of friends to help her. [전목]
그녀가 자신을 도와줄 많은 친구들을 가지고 있다는 점에서 그녀는 행운이다.

→ p. 84 고득점 추가 포인트 참고!

③ whether / if(~인지 아닌지)에 의한 명사절

1. 명사절 접속사 whether와 if의 위치

whether / if에 의한 명사절은 명사 역할을 하므로, 원론적으로 명사와 동일한 위치에 올 수 있지만, whether절은 목적격 보어 자리에는 올 수 없고, if절은 타동사의 목적어와 주격 보어 자리에만 올 수 있다.

	명사의 위치	whether에 의한 명사절의 위치	if에 의한 명사절의 위치
1	주어	주어	주어
2	타목(타동사의 목적어)	타목(타동사의 목적어)	타목(타동사의 목적어)
3	전목(전치사의 목적어)	전목(전치사의 목적어)	전목(전치사의 목적어)
4	주보(주격 보어)	주보(주격 보어)	주보(주격 보어)
5	목보(목적격 보어)	목보(목적격 보어)	목보(목적격 보어)
6	동격	동격	동격

· (Whether / If) it's going to snow is my concern. [주어] 눈이 올지 안 올지가 내 관심사이다.

· I don't know if[whether] he will send a letter. [타목] 나는 그가 편지를 보낼지 아닐지 모른다.

· The couple argued about (whether / if) they should move out of the city. [전목]
그 부부는 그들이 도시 밖으로 이사를 해야 할지 말아야 할지 논쟁했다.

· My worry is if[whether] this vehicle is safe. [주보] 나의 걱정거리는 이 차가 안전한지 아닌지이다.

2. whether에 의한 강조 용법

■ 'whether + or not'의 형태로 사용할 경우 '정말 ~인지 아닌지'라는 의미로 whether절의 의미를 강조시켜 준다.

· Whether it's going to snow or not is my concern. 눈이 정말 올지 안 올지가 내 관심사이다.

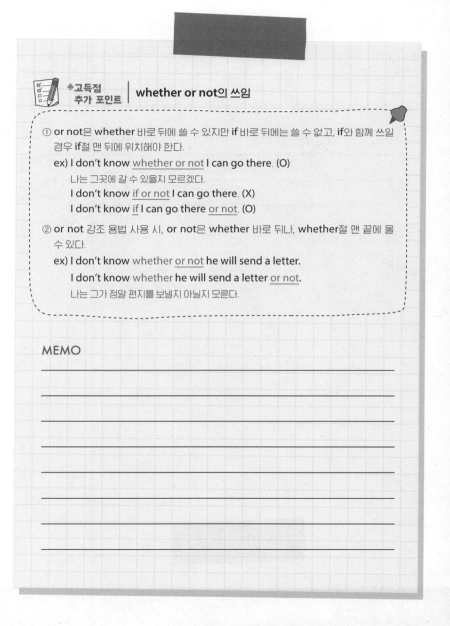

📝 **고득점 추가 포인트** | **whether or not의 쓰임**

① or not은 whether 바로 뒤에 쓸 수 있지만 if 바로 뒤에는 쓸 수 없고, if와 함께 쓰일 경우 if절 맨 뒤에 위치해야 한다.
ex) I don't know whether or not I can go there. (O)
나는 그곳에 갈 수 있을지 모르겠다.
I don't know if or not I can go there. (X)
I don't know if I can go there or not. (O)

② or not 강조 용법 사용 시, or not은 whether 바로 뒤나, whether절 맨 끝에 올 수 있다.
ex) I don't know whether or not he will send a letter.
I don't know whether he will send a letter or not.
나는 그가 정말 편지를 보낼지 아닐지 모른다.

MEMO

_____

_____

_____

_____

_____

_____

_____

3. whether + to 부정사(to 부정사인지 아닌지)

whether절은 'whether + to 부정사'로 바꿀 수 있다.

· I don't know <u>whether I should go</u> to the birthday party. 나는 내가 그 생일파티에 가야 할지 말지 모르겠다.

→ I don't know <u>whether to go</u> to the birthday party.

④ ☆ that절을 이끌 수 있는 형용사

1. that절을 이끄는 형용사의 구조

해당 형용사가 앞의 be동사와 결합하여, 타동사의 의미를 만들어내는 경우, 뒤에 that절을 취한다.

```
be + 형용사 + [that + S + V]
~라는 것을 형용사하다 / ~하게 되어 형용사하다
```

2. that절을 이끄는 형용사들

be aware that	~을 알고 있다	be sorry / afraid that	~해서 유감스러워하다
be sure / certain that	~을 확신하다	be glad / happy that	~을 기뻐하다

· The guard was sure that he had locked the door. 경비원은 그가 문을 잠갔다는 것을 확신했다.

· I am glad that she likes my present. 나는 그녀가 나의 선물을 좋아해서 기쁘다.

MEMO
_____
_____
_____
_____
_____
_____
_____

⑤ ☆ Wh-에 의한 명사절

1. 의문사(Wh-)♣의 종류

when과 where는 '의문대명사'로도 쓰인다!
ex) I know where you are from. 난 네가 어디 출신인지 안다.
　→ where가 전치사(from)의 목적어 역할을 하는 의문대명사로 쓰였다.
ex) I know when your birthday is. 난 너의 생일이 언제인지 안다.
　→ when이 동사(is)의 주격 보어 역할을 하는 의문대명사로 쓰였다.

의문대명사	what ~ 것, 무엇　　which 어느 것 who/whom/whose 누가/누구를/누구의 것	+ 불완전한 절
☆ 의문부사	when 언제　　where 어디서　　why 왜 ☆how♣ 어떻게, 얼마나	+ 완전한 절
의문형용사	what 무슨　　which 어느　　whose 누구의	+ 불완전한 절

· I don't know (what / ~~that~~) I saw. 나는 내가 본 것이 무엇인지 모르겠다.
　→ 의문사 뒤의 I saw는 목적어가 없는 불완전한 절이므로 뒤에 불완전한 절이 올 수 있는 의문대명사 what이 정답이다.
　　명사절 접속사 that은 뒤에 완전한 절이 와야 하므로 답이 될 수 없다.

· I don't know where I put my key. 내 열쇠를 어디에 두었는지 모르겠다.
　→ 의문부사로 쓰인 where(어디) 뒤에 '주어 + 타동사 + 목적어' 구조의 완전한 절(I put my key)이 왔다.

· I don't know whose the dog is. 나는 그 개가 누구의 것인지 모르겠다.
　→ 의문대명사로 쓰인 whose(누구의 것) 뒤에 주격 보어가 없는 불완전한 절(the dog is)이 왔다.

Quiz 아래의 문장에서 명사절을 찾아 [　] 표시를 하고, 해당 명사절이 문장 내에서 무슨 역할을 하는지 쓰세요.

01　Who shared the story is not known.
02　Where he was born is a mystery.
03　I wonder when he realized I was telling a lie.
04　☆ One of my staff has told me how important your work is.
05　You are what they want.
06　What I will buy depends on what you want to buy.

Quiz 정답 01 [Who shared the story](주어) 02 [Where he was born](주어)
03 [when he realized I was telling a lie](진목적어 대신 진목적어) 04 [how important your work is](목적어)
05 [what they want](보어) 06 [What I will buy](주어), [what you want to buy](목적어)

📝 **♣고득점 추가 포인트 | 명사절을 이끄는 의문사의 특징**

의문대명사	그 자체가 명사절 내의 필수성분(주어, 목적어, 보어) 역할을 하기 때문에 뒤에 필수성분이 없는 불완전한 절이 온다.
의문부사	절 내에서 필수 성분이 아닌 '부사' 역할을 하기 때문에 뒤에 완전한 절이 온다.
의문형용사	'의문형용사 + 명사'의 형태로 명사절 내의 필수성분(주어, 목적어, 보어) 역할을 하므로 뒤에 필수성분이 없는 불완전한 절이 온다.

📝 **♣고득점 추가 포인트 | 의문부사 how의 쓰임**

	how + S + V	how + 형/부 + S + V	how + 형 + 명 + S + V
how의 의미	어떻게(방법)	얼마나(정도)	얼마나(정도)
특징	절 내에서 부사 역할을 하므로 뒤에는 완전한 절이 온다.	how 뒤에 형용사가 오면 그 뒤에는 불완전한 절이 오고, 부사가 오면 그 뒤에는 완전한 절이 온다.	'how + 형용사 + 명사' 뒤에는 불완전한 절이 온다.
예문	I want to learn how they dance. 나는 그들이 춤추는 방법을 배우고 싶다.	I know how beautifully they dance. 나는 그들이 얼마나 아름답게 춤추는지 안다.	I know how beautiful dancers they are. 나는 그들이 얼마나 아름다운 댄서들인지 안다.

6 Wh + to 부정사 구조 ↰ 명사 역할

의문대명사	what♣ which♣ whom whose	+ to 부정사 불완전한 to 부정사구	무엇을 ~해야 할지 어떤 것을 ~해야 할지 누구를 ~해야 할지 누구의 것을 ~해야 할지
의문형용사	what + 명사 which +명사 whose + 명사	+ to 부정사 불완전한 to 부정사구	무슨 명사를 ~해야 할지 어떤 명사를 ~해야 할지 누구의 명사를 ~해야 할지
의문부사	where when how whether	+ to 부정사 완전한 to 부정사구♣	어디서/어디로 ~해야 할지 언제 ~해야 할지 어떻게 ~해야 할지 ~을 해야 할지 말아야 할지

· I know what to eat. 나는 무엇을 먹을지 안다.

· I know which option to choose. 나는 어떤 선택을 해야 할지 안다.

· I know where to go. 나는 어디로 가야 할지 안다.

Quiz 아래의 문장에서 'Wh- + to 부정사구' 구조를 찾아 [   ] 표시를 한 뒤, 해당 구조가 문장의 어느 자리에 왔는지 쓰고, 해당 Wh- 뒤에 '불완전한/완전한 to 부정사구' 중 무엇이 와야 하는지 쓰세요.

01 I don't know what to buy.

02 I don't know what car to buy.

03 Tell me what to eat this food with.

04 I know whom to consider my best friend.

05 I discussed when to start our new project.

06 She taught me how to solve the issue.

♣고득점 추가 포인트 | 혼동되는 의문대명사 what vs. which

what 무엇	범위나 범주가 없을 때 사용
which 어떤	범위나 범주가 있을 때 사용 ex) A와 B 중에 어떤 차를 구매하실지 결정하셨나요?

ex) I know (what / ~~which~~) I have to buy. 나는 내가 무엇을 사야 하는지 안다.

♣고득점 추가 포인트 | 불완전한 to 부정사구 vs. 완전한 to 부정사구

불완전한 to 부정사구	완전한 to 부정사구
to 부정사구 내에서 필수적인 성분이 빠져 불완전한 것 ex) to consider → 타동사 consider 뒤에 목적어가 와야 하는데 빠져 있으므로 불완전한 to 부정사구	to 부정사구 내에서 빠지는 성분이 없이 온전한 것 ex) to say something → 타동사 say 뒤에 목적어 something이 와서 빠진 것 없이 완전한 to 부정사구

Quiz 정답 01 [what to buy] / 타동사 know의 목적어 자리 / 타동사 know 뒤 + 불완전한 to 부정사구 / what / 명사 + 불완전한 to 부정사구 **03** [what to eat this food with] / 타동사 tell의 직접목적어 자리 / 타동사 tell 뒤 + 불완전한 to 부정사구 / what **04** [whom to consider my best friend] / 타동사 know의 목적어 자리 / 타동사 know 뒤 + 불완전한 to 부정사구 / whom **05** [when to start our new project] / 타동사 discuss의 목적어 자리 / 타동사 discuss 뒤 + 완전한 to 부정사구 / when **06** [how to solve the issue] / 4형식 동사인

↱ 부사절이 있는 문장은 분사구문으로 바꿀 수 있다. p. S1 참고

1 부사절 접속사의 개념 및 위치

부사절은 문장 내에서 시간, 조건 등을 나타내며 부사 역할을 하는 수식어 거품으로, 문장 뒤/문장 앞/문장 사이에 위치한다.

문장 뒤	S + V ~ [부사절 접속사 + S + V]	The baby was still sleeping [when I checked on her]. 내가 아기를 확인해 보았을 때, 그녀는 여전히 자고 있었다.
문장 앞	[부사절 접속사 + S + V] ~, S + V	[When I checked on her], the baby was still sleeping.
문장 사이	S, [부사절 접속사 + S + V], V	The baby, [when I checked on her], was still sleeping.

2 부사절 접속사의 종류

1. 시간을 나타내는 부사절 접속사

↱ 동시동작을 나타내므로, 'be + ing'(진행형)과 자주 함께 쓰인다.

| when ~일 때, ~할 때 | as ~함에 따라, ~할 때 | while ~하는 동안 | as soon as ~하자마자 |
| after ~한 후에 | before ~하기 전에 | until ~할 때까지♣ | since ~한 이래로 |

· (When / ~~since~~) I was a student, my hair was longer. 학생이었을 때, 내 머리는 더 길었다.

· (While / ~~Before~~) everyone was sleeping, Jim watched TV. 모두가 자는 동안, Jim은 TV를 보았다.

· A winner was selected (after / ~~before~~) the votes were counted. 개표가 된 후에 당선자가 선출되었다.

· I've been practicing golf (since / ~~when~~) I first played it 3 years ago.
　나는 3년 전 처음으로 골프를 친 이래로 골프 연습을 해오고 있다.

· I will turn off the TV (as soon as / ~~while~~) the program ends . 나는 그 프로그램이 끝나자마자 TV를 끌 것이다.
　　　　　　　　　　　　　　　　↳ 시간의 부사절은 현재 시제가 미래를 대신한다! (p. 23 참고)

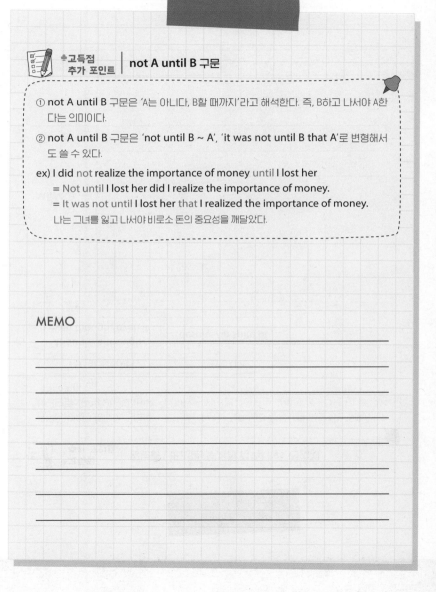

✎ ♣고득점 추가 포인트 | not A until B 구문

① not A until B 구문은 'A는 아니다, B할 때까지'라고 해석한다. 즉, B하고 나서야 A한
　다는 의미이다.

② not A until B 구문은 'not until B ~ A', 'it was not until B that A'로 변형해서
　도 쓸 수 있다.

ex) I did not realize the importance of money until I lost her
　= Not until I lost her did I realize the importance of money.
　= It was not until I lost her that I realized the importance of money.
　나는 그녀를 잃고 나서야 비로소 돈의 중요성을 깨달았다.

MEMO

_____

_____

_____

_____

_____

_____

_____

_____

2. 조건을 나타내는 부사절 접속사

if 만약 ~이라면	We should have a picnic tomorrow if it doesn't rain. 만약 비가 안 오면, 우리는 내일 소풍을 갈 것이다.
unless = if not 만약 ~이 아니라면	I can meet you for dinner unless I have to work late. 만약 내가 늦게까지 일할 필요가 없다면, 너를 만나 저녁 식사를 할 수 있다.
☆ provided/providing (that) 오직 ~하는 경우에	You can sleep over provided (that) you don't mind sleeping on the couch. 오직 네가 소파에서 자는 것을 개의치 않는 경우에, 너는 자고 가도 된다.
as long as ~하는 한	I can drive you home as long as it's not too far away. 거리가 너무 멀지 않은 한, 나는 너를 차로 집에 데려다 줄 수 있다.
once 일단 ~하자, 일단 ~한 이후에	A crowd gathered once the fireworks began. 일단 불꽃놀이가 시작되자 사람들이 모였다.
☆ in case ~한 경우에 대비해서	I brought two pens in case you forgot to bring. 네가 가져오는 것을 잊을 경우에 대비해서 내가 펜을 두 개 가져왔다.

→ cf in case of(전치사) = in preparation for (~을 준비해서/대비해서)

3. ☆ 양보를 나타내는 부사절 접속사

though although even though even if 비록 ~이지만	Though it may seem childish, I still watch cartoons. 비록 유치해 보일지도 모르지만, 나는 여전히 만화를 본다.
whereas while 반면에	He loves spending money, whereas she tries to save every penny. 그는 돈 쓰는 것을 좋아하는 반면에, 그녀는 한 푼이라도 아끼려고 노력한다.

→ While은 동시동작의 의미(~하는 동안에)도 가지고 있으므로, 문맥에 맞게 해석해야 한다.

4. 이유를 나타내는 부사절 접속사

→ now that에서 that은 생략이 가능하므로, 'now + S + V, S + V'의 형태가 와도 now가 접속사임을 인지할 수 있어야 한다!

because, as, since, now (that) ~이기 때문에

• Now (that) the winter is here, we should plan a ski trip. 겨울이 왔으니까, 우리는 스키 여행을 계획해야 한다.

✏️ **고득점 추가 포인트** | 양보를 나타내는 부사절 접속사 vs. 전치사

공무원 영어 시험에는 양보를 나타내는 부사절 접속사와 전치사를 구분하는 문제가 출제되므로, '양보'의 의미(비록 ~이지만, ~에도 불구하고)는 같아도 품사가 다름을 구분하여 외워둔다.

부사절 접속사	전치사
though / although even though / even if	despite / in spite of

MEMO

5. 기타 부사절 접속사 so that

목적의 부사절	so that + S + V 완전한 절	~하기 위해서
정도의 부사절	so + 형용사 / 부사 + that + S + V 완전한 절	너무 형용사 / 부사해서 that절할 정도이다

· Please keep the window open so that the room can cool down. 방이 시원해질 수 있게 하기 위해서 창문을 계속 열어 두세요.

· I submitted an additional report so that I could get extra credit. 나는 추가 학점을 받기 위해서 추가 보고서를 제출했다.

· He is so tall that he can reach the top of the bookshelf. 그는 너무 키가 커서 책장의 맨 윗부분도 닿을 정도이다.

· The diamond was so beautiful that everyone wanted to buy it.
  그 다이아몬드는 너무 아름다워서 모두가 그것을 사고 싶어 했을 정도였다.

· The sponge was so dirty that it had to be replaced. 스펀지는 너무 더러워서 교체되어야 할 정도였다.

6. 복합관계대명사와 복합관계부사

복합관계대명사와 복합관계부사는 부사절 접속사 역할을 하며, 이들이 이끄는 절은 문장 내에서 부사 역할을 한다.

| who(m)
which
what
where
when
why
how | + ever | who(m)ever ♣
whichever
whatever
wherever
whenever
-
however ♣ | Whoever parked in the street, ~ 누가 길에 주차했던지
Whichever you choose between the two, ~ 두 개 중 당신이 무엇을 고르든지
Whatever you buy online, ~ 당신이 온라인에서 무엇을 사든지
Wherever I eat pizza, ~ 내가 피자를 어디서 먹든지
Whenever you come back, ~ 당신이 언제 돌아오든지
-
However I solved this problem, ~ 내가 이 문제를 어떻게 해결했든지
However tall he is, ~ 얼마나 그가 키가 크든지 |

→ 복합관계대명사

영어에서 whyever라는 단어는 없다. → 복합관계부사

♣고득점 추가 포인트 | 복합관계대명사의 추가 쓰임

복합관계대명사 who(m)ever/whichever/whatever는 부사절 접속사뿐만 아니라, 명사절 접속사로도 쓰일 수 있다.

부사절 접속사	Whatever I want, I can buy it. 내가 무엇을 원하든지, 나는 그것을 살 수 있다.
명사절 접속사	I can buy whatever I want. 나는 내가 원하는 것이 무엇이든지 살 수 있다.

♣고득점 추가 포인트 | however의 문장 구조

however가 사용되는 문장 구조는 총 두 가지로 분류할 수 있는데, 이 문장 구조에 따라 however 뒤에 완전한 문장이 올지 불완전한 문장이 올지가 정해진다.

however + S + V	'however + S + V' 구조일 경우 however 뒤에는 완전한 문장이 온다.
however + 형용사 / 부사 + S + V	'however + 형용사/부사 + S + V' 구조일 경우 형용사 뒤에는 불완전한 문장이 오고 부사 뒤에는 완전한 문장이 온다.

① 관계절(= 관계대명사절 = 형용사절)의 개념 및 형성

1. 관계절의 개념

관계절은 문장 내에서 관계절 앞의 명사(선행사)를 꾸며주는 형용사 역할을 하는 수식어 거품이다. 관계절은 선행사를 꾸밀 때, 꼭 바로 앞의 명사를 꾸미는 것이 아니라, 문맥상 관계절의 꾸밈을 받는 것이 가장 적합한 선행사를 꾸며준다.

- I met the woman [who owns the dog]. 나는 개를 키우는 그 여자를 만났다.
  선행사 ┗━━━━━━ 관계절

- I bought the cheesecake in the bakery [which tastes sweet]. 나는 달콤한 맛이 나는 그 제과점의 치즈케이크를 샀다.
  선행사 ┗━━━━━━━━━ 관계절

→ '제과점이 달콤한 맛이 난다'는 문맥상 어색하고 '치즈케이크가 달콤한 맛이 난다'라는 문맥이 되어야 하므로, 관계절(which tastes sweet)은 문맥상 바로 앞의 명사 the bakery(제과점)가 아니라 the cheesecake(치즈케이크)를 수식한다.

2. 관계절의 형성♣

관계절을 형성하기 위해서는 ① 수식받을 '명사'를 맨 앞으로 빼고, ② 나머지 부분(명사를 수식할 부분)을 명사 뒤로 보낸 후, ③ 명사와 수식어 사이에 알맞은 관계대명사를 삽입한다.

The woman owns the dog. → 관계절 ① the woman [who owns the dog] 개를 키우는 그 여자
그 여자는 개를 키운다.   관계절 ② the dog [which the woman owns] 그 여자가 키우는 개

3. 관계대명사의 선택

선행사	관계대명사
사람/사물 명사	1. 주격 관계대명사 – 사람: who, 사물: which 2. 목적격 관계대명사 – 사람: whom, 사물: which 3. 소유격 관계대명사 – whose

관계대명사 that은 사람과 사물의 주격/목적격 관계대명사로 모두 쓰일 수 있다!

- I carpool with two women who[that] work near my office. 나는 내 사무실 근처에서 일하는 두 여성과 카풀한다.
  → 선행사(two women)가 사람이고, 관계절 내에서 동사(work)의 주어 역할을 하므로, 주격 관계사 who 또는 that이 온다.

- He will lend me the book which[that] I requested. 그는 내가 요청했던 책을 나에게 빌려줄 것이다.
  → 선행사(the book)가 사물이고, 관계절 내에서 동사(requested)의 목적어 역할을 하므로, 목적격 관계사 which 또는 that이 온다.

📝 **♣고득점 추가 포인트** | **관계절 형성 시 관계절 내의 동사**

관계절 형성 시 관계절 내의 동사는 관계절의 주어 또는 선행사와 수, 태가 맞아야 한다.
ex) the woman who (own / owns) the dog 개를 키우는 그 여자
      단수 선행사

MEMO

_____

_____

_____

_____

_____

_____

② 소유격 관계대명사 whose(~의) 독해 영역에서 자주 활용된다!

1. 소유격 관계대명사의 특징

소유격 관계대명사 whose의 앞뒤로는 '명사'가 와야 한다.

· Companies prefer <u>applicants</u> whose <u>ideas</u> are creative. 기업들은 생각이 창의적인 지원자들을 선호한다.
　　　　　　　　　명사　　　　　　명사

2. 소유격 관계대명사의 접근 방식

소유격 관계대명사 whose가 있는 문장을 해석할 때는 문장을 두 가지 구조로 나누어 문장을 해석한다.

① whose절을 제외한 주절(주어 + 동사구)을 먼저 해석한다. → ② 'whose 앞 명사 + whose절'을 해석한다.

· <u>The orchestra</u> [<u>whose performance was very impressive last summer</u>] <u>will hold a concert to help children in need.</u>
　주어 & whose 앞 명사　　　　　　　　　　　whose절　　　　　　　　　　　　　　　　　동사구

그 오케스트라는 도움이 필요한 아이들을 돕기 위해서 콘서트를 개최할 것이다. + 그 오케스트라의 공연은 지난여름 매우 인상적이었다.

· <u>Most customers will buy the new computer</u> [<u>whose advertisements have been appearing everywhere</u>].
　　주어 + 동사구　　　　　　　　　　　　　　　　whose절

대부분의 고객들은 새 컴퓨터를 구매할 것이다. + 그 컴퓨터의 광고는 어디에서든 나타났다.

Quiz 보기 중 어법상 알맞은 것을 고르세요.

01 The article features the biography of painter Jean Stemme, _____ work has been displayed in art galleries around the world.

　① who　　　　　② which　　　　　③ whose　　　　　④ this

Quiz 정답 01 ③

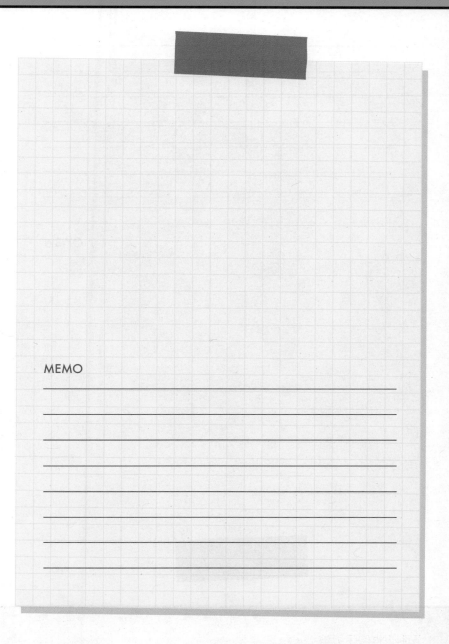

MEMO

③ 관계대명사와 콤마(,)

1. 관계대명사와 함께 쓰이는 콤마의 기능

관계대명사 앞에 콤마가 있는지 없는지에 따라 문장의 의미가 조금 달라진다.

한정적 용법(콤마 X)	vs	계속적 용법(콤마 O)
☆ Sean keeps a dog which is a six months old.		☆ Sean keeps a dog, which is a six months old.
Sean은 6개월 된 개 한 마리가 있다.		Sean은 개가 한 마리 있는데, 이 개는 6개월이 되었다.
→ 6개월 된 한 마리의 개를 키운다는 정보는 알 수 있으나, 총 몇 마리의 개를 키우는지는 알 수 없다.		→ Sean이 총 한 마리의 개를 키운다는 정보에 추가적으로 그 개가 6개월이 되었다는 사실을 알려준다.

Quiz

아래 문장에서 아들을 한 명만 가지고 있음을 나타내는 문장을 고르세요.

01 A: I have one son, who is a fund manager.

B: I have one son who is a fund manager.

아래 문장에서 교장이 우리 학교의 첫 번째 교장임을 나타내는 문장을 고르세요.

02 A: He was the first principle of our school, who started the campaign of reading 100 books.

B: He was the first principle of our school that started the campaign of reading 100 books.

Quiz 정답 01 A 02 A

2. 관계대명사 that과 콤마의 관계

콤마 뒤에 관계대명사 that은 쓰일 수 없다.

• I have five toys (which / that) are very expensive. 나는 아주 비싼 5개의 장난감을 가지고 있다.

→ 사물 주격 관계대명사로 쓰일 수 있는 which와 that이 모두 올 수 있다.

☆
• I have five toys, (which / ~~that~~) are very expensive. 나는 5개의 장난감을 가지고 있는데, 그것들은 아주 비싸다.

→ 콤마 뒤에 관계대명사 that은 올 수 없다.

• I met five people (that / who) are my coworkers. 나는 나의 동료들인 5명의 사람들을 만났다.

→ 사람 주격 관계대명사로 쓰일 수 있는 who와 that이 모두 올 수 있다.

• I met five people, (~~that~~ / who) are my coworkers. 나는 5명의 사람들을 만났는데, 그들은 나의 동료들이다.

→ 콤마 뒤에 관계대명사 that은 올 수 없다.

MEMO

☆☆☆☆☆
4 관계대명사의 생략

1. '주격 관계대명사 + be동사'의 생략

· The company (which is) <u>expanding</u> the delivery service is famous. 배달 서비스를 확장하고 있는 그 회사는 유명하다.
  → The company <u>expanding</u> the delivery service is famous.

· I attended the conference (which was) <u>held</u> by the government. 나는 정부에 의해 개최된 컨퍼런스에 참석했다.
  → I attended the conference <u>held</u> by the government.

· Those (who are) <u>interested</u> in the workshop are listed here. 워크숍에 관심이 있는 사람들은 여기 명단에 포함되어 있다.
  → Those <u>interested</u> in the workshop are listed here.

2. '목적격 관계대명사'의 생략

· There are 10 dream jobs (which / that) students often want. 학생들이 보통 원하는 10개의 꿈의 직업들이 있다.
  → There are 10 dream jobs students often want.

Quiz 아래 문장에서 목적격 관계대명사가 생략된 위치가 어디인지 써보세요.

01 That is all I want to know.

02 There is something I want to know.

03 Something she didn't know mattered to me.

04 The vehicle he is good at driving is a tractor.

Quiz 정답 01 all과 I 사이 | 02 something과 I 사이 | 03 Something과 she 사이 | 04 The vehicle과 he 사이

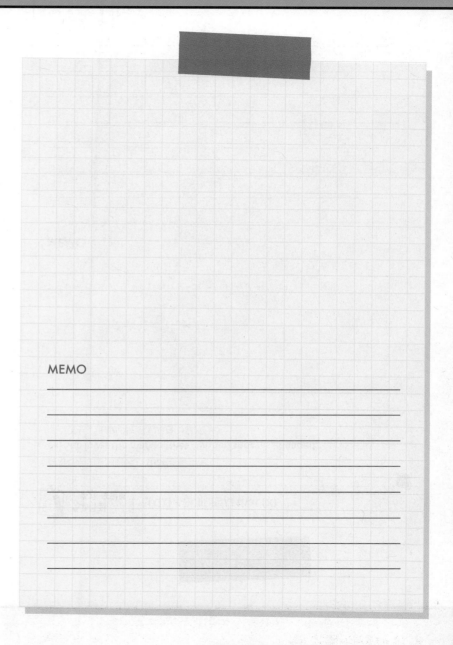

MEMO

⑤ 전치사 + 관계대명사⬆

■ 앞 문장과 공통되는 명사가 뒤 문장에서 전치사의 목적어일 때, 이 전치사의 목적어를 목적격 관계대명사로 바꾸어 관계절을 만든다. 전치사는 관계대명사 앞에 위치할 수도 있고, 관계절의 끝에 위치할 수도 있다.

- This is the sport. + I am interested in the sport. 이것은 스포츠이다. + 나는 그 스포츠에 관심이 있다.
⇨ This is the sport which I am interested (in). (O) 이것은 내가 관심이 있는 스포츠이다.
⇨ This is the sport in which I am interested. (O)

- He is the real person. + The story is based on him. 그는 실제 인물이다. + 그 이야기는 그를 바탕으로 한다.
⇨ He is the real person whom the story is based (on). (O) 그는 그 이야기가 바탕으로 하는 실제 인물이다.
⇨ He is the real person on whom the story is based. (O)

■ '전치사 + 관계대명사' 뒤에는 항상 완전한 절이 온다.

- This is the person of whom the police asked many questions. 이 사람은 경찰이 많은 질문을 한 사람이다.
　　　　　　　　전치사+관계대명사　　　　　완전한 절(S+V+O)

☆☆☆☆☆
⑥ 수량 · 부분 · 전체 표현 + 관계대명사

all / some / half / the rest 수량 / 분수 one / each / several many / much / most	+ of +	관계대명사 (which / whom)

'수량·부분·전체 표현 + of + 관계대명사'를
who / whom / which와 같은 기능을 하는 하나의 덩어리로 보자.
그리고 who / whom / which처럼 이 덩어리 뒤에는
불완전한 문장이 온다!

- I have five toys. + Three of the five toys are expensive. 나는 5개의 장난감을 가지고 있다. + 5개의 장난감 중 3개는 비싸다.
⇨ I have five toys and three of (them / which) are expensive. (O) 나는 5개의 장난감을 가지고 있는데, 그중 3개는 비싸다.
⇨ I have five toys, three of (them / which) are expensive. (O)

Quiz 보기 중 알맞은 것을 고르세요.

01 The children were rescued from the burning building by a group of men, _____ were commended for it.

① all of whom　　② and all of whom　　③ all of them　　④ and all of that

Quiz 정답 01 ①

⬆고득점 추가 포인트 ｜ 전치사 + 관계대명사 that (X)

전치사 뒤에 관계대명사 that은 올 수 없다.
ex) She loves the man to (~~that~~ / whom) she was engaged.
　　그녀는 그녀와 약혼한 남자를 사랑한다.

MEMO

_____

_____

_____

_____

_____

_____

7 관계부사

선행사가 '시간 / 장소 / 이유 / 방법' 중 어떤 것인지에 따라 각각 다른 관계부사가 쓰인다.

선행사	관계부사
시간 (time, day, week, year 등)	when
장소 (place, park, house 등)	where
이유 (the reason)	why
방법 (the way)	how

☆ the way는 how와 절대로 같이 쓰일 수 없고, 둘 중 하나만을 사용해야 한다.

· They notified us of the time when the conference will be held. 그들은 회의가 개최될 시간을 우리에게 알려주었다.

· This is the place where my friends worked together. 이곳은 나의 친구들이 함께 일했던 장소이다.

· I know the reason why he learned English. 나는 그가 영어를 배운 이유를 알고 있다.

· They found out the way they can increase profits. 그들은 수익을 증가시킬 수 있는 방법을 알아냈다.
  (= how)

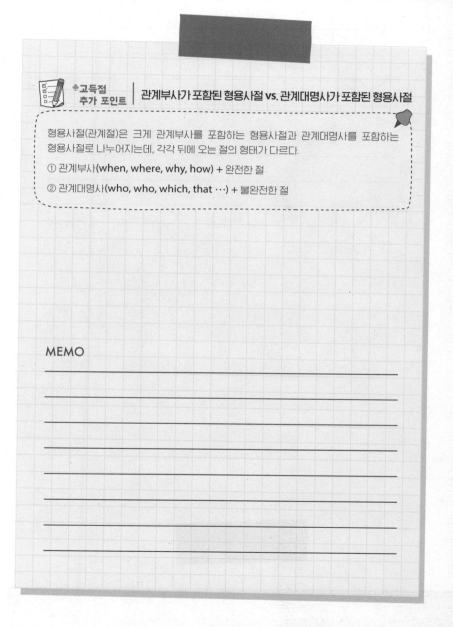

☆고득점 추가 포인트 | 관계부사가 포함된 형용사절 vs. 관계대명사가 포함된 형용사절

형용사절(관계절)은 크게 관계부사를 포함하는 형용사절과 관계대명사를 포함하는 형용사절로 나누어지는데, 각각 뒤에 오는 절의 형태가 다르다.

① 관계부사(when, where, why, how) + 완전한 절

② 관계대명사(who, who, which, that …) + 불완전한 절

MEMO
_____
_____
_____
_____
_____
_____
_____

1 의문문의 어순

1. (기본) 의문문의 어순: be동사/조동사/do 동사 + 주어 + 동사

(의문사 +) be동사 + S + V?	Are you free this Sunday? 이번 주 일요일에 한가하니?
(의문사 +) 조동사 + S + V?	Can you drive? 너는 운전할 줄 아니?
(의문사 +) do/does/did + S + V?	Does she like swimming? 그녀는 수영을 좋아하니?

2. 간접 의문문의 어순

■ 간접 의문문은 다른 문장 안에 포함된 의문문으로, '의문사 + 주어 + 동사'의 어순으로 쓴다.

• Do you know where he lives? (O) 너는 그가 어디에 사는지 아니?

■ 의문의 동사가 [생각/추측류]인 동사와 추측동사, 뒤의 의문사가 주어의 자리에 와 주절의 간접 의문문의 의문사를 의문사를 문장 맨 앞으로 쓴다.
(생각/추측류 동사: think, believe, imagine, suppose, suggest, say)

• Do you think where he lives? (X) → Where do you think he lives? (O) 너는 그가 어디에 산다고 생각하니?
• Do you think what she did yesterday? (X) → What do you think she did yesterday? (O) 너는 그녀가 어제 무엇을 했다고 생각하니?

Quiz 아래 문장을 do you think를 간접 의문문으로 바꾸어 보세요.

01 What are they planning?

Quiz 정답 01 What do you think they are planning?

3. 부가 의문문의 어순

부가 의문문은 상대방에게 동의를 구하거나 자신의 말을 확인할 때 문장 끝에 덧붙이는 의문문으로, '동사(be동사)/조동사/do·does·did) + 주어'의 순으로 쓴다.

앞 문장: 긍정문 → 부가 의문문: 부정문
앞 문장: 부정문 → 부가 의문문: 긍정문

• It's going to rain tomorrow, isn't it? 내일 비가 올 예정이지, 그렇지?
• You can drive, can't you? 너는 운전할 수 있지, 그렇지?
• You don't know this song, do you? 너는 이 노래를 모르지, 그렇지?
• You have never been to Japan, have you? 너는 일본에 가 본 적이 없지, 그렇지?

MEMO

Quiz 각 문장의 빈칸에 들어갈 알맞은 부가 의문문을 쓰세요.

01 You are not angry, _____?

02 He can't speak French, _____?

03 You haven't heard this story, _____?

04 You went shopping today, _____?

05 The soccer game was great, _____?

06 You can't speak Spanish, _____?

07 It's not cold outside, _____?

08 You have ridden a horse before, _____?

09 Your sister doesn't like spaghetti, _____?

10 Tom and Megan are having a baby next year, _____?

Quiz 정답 01 are you 02 can he 03 have you 04 didn't you 05 wasn't it 06 can you 07 is it 08 haven't you 09 does she 10 aren't they

2 감탄문

1. 감탄문의 종류

how 감탄문	How + 형용사/부사 + 주어 + 동사
what 감탄문	What + (a / an +) 형용사 + 명사 + 주어 + 동사

· How gracefully she dances! 그녀는 정말 우아하게 춤을 추는구나!

· What a cute baby you have! 정말 귀여운 아기군요!

2. 감탄문의 특징

■ 'How + 형용사'와 'What + (a / an) + 형용사 + 명사' 뒤의 '주어 + 동사'는 생략할 수 있다.

· How beautiful (you are)! (당신은) 정말 아름답군요!

· What a cute baby (you have)! 정말 귀여운 아기군요!

■ 감탄문에서도 that절이나 to 부정사 같은 긴 주어가 쓰이면 가주어 it을 사용할 수 있다.

· How nice it is that everything in the cases is on discount!

진열대 안에 있는 모든 것이 할인 중이라니 정말 좋군요!

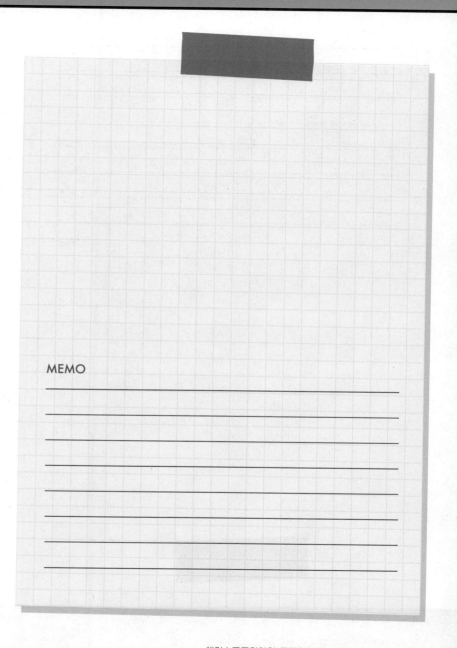

MEMO

③ 명사를 수식하는 여러 요소들의 어순

1. 명사 앞에 명사를 수식하는 형용사가 여러 개 올 경우의 어순

순서	수	판단/태도	크기/길이/형태	색깔/원료	
서수(first, second) last next	one two	주관적인 판단 beautiful remarkable	big long round	red leather	+ 명사

· Take the <u>first</u> <u>two</u> <u>small</u> <u>blue</u> <u>pills</u> in the packet before you sleep tonight.
　　　　　　순서　수　크기　색깔　명사

오늘 밤 자기 전에 약통에 있는 첫 번째 두 개의 작은 파란색 알약을 복용해라.

④ 혼동하기 쉬운 어순

1. enough의 어순

enough + 명사	He didn't have enough <u>money</u>.　그는 충분한 돈을 갖고 있지 않았다.
형용사/부사 + enough	You aren't being <u>careful</u> enough.　너는 충분히 신중을 기하지 않고 있다. He has prepared <u>well</u> enough for the job interview. 그는 입사 면접을 위해 충분히 잘 준비했다.
형용사 + enough + 명사	She didn't have a <u>long</u> enough <u>work history</u>.　그녀는 충분히 긴 경력을 갖고 있지 않았다.

↳ 해당 구조에서 enough는 앞의 형용사를 수식하는 부사로 사용된다.

MEMO

2. such vs. so ♣

	such	so
해석	그러한 / 아주 ~한	아주
품사	형용사	부사
어순	such + 관사 + 형용사 + 명사	so + 형용사 + 관사 + 명사

- I've never seen such a beautiful sunset. 나는 그렇게 아름다운 일몰을 본 적이 없다.

- It's so perfect a day for hiking. 하이킹하기에 아주 완벽한 날이다.

☆☆☆
3. 구동사의 어순

'동사 + 부사'로 이루어진 구동사의 경우, 목적어가 대명사이면 '동사 + 대명사 + 부사' 순으로 와야 한다.

put on 입다, 착용하다	put off 연기하다	catch on 이해하다	catch up 따라잡다
push on 서두르다	put forward 요구하다	give in 굴복하다	bring about 야기하다

- He took sunglasses with him and (put them on / ~~put on them~~) at the beach.

  그는 선글라스를 가져와서 해변에서 그것들을 썼다.

✏ ♣고득점 추가 포인트 | such 및 so와 동일한 어순을 이끄는 것들

such 및 so와 동일한 어순을 이끄는 것들에는 다음과 같은 것들이 있다.

'such + 관 + 형 + 명'과 동일한 어순을 이끄는 것들	quite, rather, what
'so + 형 + 관 + 명'과 동일한 어순을 이끄는 것들	that, as, too, how, however

ex) She is quite a tall woman. 그녀는 꽤 키가 큰 여성이다.
　　　　　관사　형용사　명사
He is too sensitive a man. 그는 너무 예민한 남성이다.
　　　　　형용사　관사　명사

MEMO

_____

_____

_____

_____

_____

_____

_____

1 원급 비교: as _____ as 구문(~만큼 -한)

1. 원급 비교의 형태

as 형용사의 원급 as	His skin was as cold as ice. 그의 피부는 얼음만큼 차가웠다.
as 부사의 원급 as	Chris held the baby as carefully as he could. Chris는 그가 할 수 있는 한 조심스럽게 아기를 안았다.

2. 형용사의 원급 vs. 부사의 원급

as ~ as 사이에 형용사와 부사 중 어느 것이 와야 하는지 알기 위해서는 as ~ as 구문을 하나의 덩어리로 보고, 이 전체 덩어리가
문장에서 어느 자리에 위치하는지를 파악해야 한다. → 하나의 덩어리

· She is as (beautiful, ~~beautifully~~) as my sister. 그녀는 나의 여동생만큼 아름답다.
  → as ~ as 구문 덩어리가 2형식 동사인 be동사(is) 바로 뒤의 주격 보어 자리에 왔으므로 형용사 역할을 해야 한다. 따라서 부사 beautifully
     가 아닌 형용사 beautiful이 와야 한다

3. '~만큼 많은 / 적은 -'을 나타내는 원급 표현⬆

'~만큼 많은 / 적은 -'을 나타내는 원급 표현은 'as + many / much / few / little + 명사 + as'를 쓴다.

· She buys as many audiobooks as she can listen to. 그녀는 그녀가 들을 수 있는 만큼 많은 오디오북을 산다.

📝 **고득점 추가 포인트** | '~만큼 많은 / 적은 -'을 나타내는 원급 표현의 유의 사항

원급 표현 'as + many / much / few / little + 명사 + as' 사이의 수량 형용사는 뒤의 명사가 가산 명사인지 불가산 명사인지에 유의하여 선택한다.

ex) She uses as (~~few~~ / little) heat as she can during the winter.
     그녀는 겨울 동안 할 수 있는 한 적은 난방을 사용한다.

MEMO

_____

_____

_____

_____

_____

_____

Quíz 보기 중 어법상 알맞은 것을 고르세요.

01 The house was as (quiet / quietly) as it could be.

02 She sang as (beautiful / beautifully) as she could.

03 They had as (many / much) children as their parents did.

04 We bought as (many / much) food as we could for the feast.

05 Tom's presentation was not as _____ as we had expected.
   ① excellently   ② more excellent   ③ most excellently   ④ excellent

06 In the event of emergency, staff must vacate the building as _____ as possible.
   ① rapid   ② rapidly   ③ more rapidly   ④ more rapid

07 Since airlines are charging higher fees for checked luggage, you need to pack your suitcase as (light / lightly) as possible.

08 Sungsin Corp. has recently implemented new recruitment procedures to remain as (competitive / competitively) as other leading companies.

Quíz 정답 01 quiet 02 beautifully 03 many 04 much 05 ④ 06 ② 07 lightly 08 competitive

3. 배수사 + 원급 비교

> 퍼센트/분수/배수사 + as + 원급 + as
> ~배만큼 -하다

· The second room is twice as big as the first one. 두 번째 방은 첫 번째 방의 두 배만큼 크다.

· Hanna earns 80 percent as much as Gina. Hanna는 Gina의 80퍼센트만큼 돈을 번다.

☆☆☆
4. 원급 비교 관용 표현

as soon as possible 가능한 한 빨리

> not A so much as ⓑ = not so much A as ⓑ A라기보다는ⓑ
> = more ⓑ than A = ⓑ rather than A = less A than ⓑ

} 모두 'ⓑ를 강조하는' 표현이다. 독해 영역의 '일치/불일치' 문제에서 해당 표현이 있는 문장을 잘 해석하는 것이 중요하다!

· He is not so much a doctor as a healer. 그는 의사라기보다는 치료술사이다.

· He does not love me so much as likes me. 그는 나를 사랑한다기보다는 좋아한다.
= He more likes me than loves me.

· He learns from his opponents rather than from his fervent supporters.
그는 자신의 열렬한 지원자들로부터보다는 자신의 반대자들로부터 배우는 편이다.

② 비교급 비교: 형용사/부사의 비교급 + than (~보다 -한)

→ 해석: ~보다
풍사: 등위 접속사

1. 비교급의 형태

more / less	형용사/부사 원급	-er

→ 형용사/부사가 1-2음절 단어인 경우
ex) cheaper / hotter / colder

→ 형용사/부사가 2-3음절 이상인 경우 ex) more important / more importantly

Quiz 보기 중 어법상 알맞은 것을 고르세요.

01 In some cases, it would be _____ to travel in China by train than by plane.

① quick   ② quicker   ③ more quickly   ④ quickly

Quiz 정답 01 ②

MEMO

2. 비교급 형태의 예외

비교급은 원칙적으로 the와 함께 쓰일 수 없지만, 예외적으로 the와 함께 쓰이는 것들이 있다.

☆
■ the + 비교급, the + 비교급: 더 ~할수록 더 ~하다

'the + 비교급'의 비교급 자리에 형용사가 올 경우 뒤의 절에서 보어 역할을 하던 것이 비교급 자리로 빠져나온 것이므로, 형용사의 비교급 뒤에는 불완전한 절이 온다. 부사가 올 경우 뒤의 절에서 부사 역할을 하던 것이 비교급 자리로 빠져나온 것이므로, 부사의 비교급 뒤에는 완전한 절이 온다.

· The healthier you are, the happier you will become. 네가 더 건강할수록, 더 행복해질 것이다.
                                형용사   불완전한 절

· The older one gets, the more (prudent / ~~prudently~~) he or she becomes. 사람은 나이가 더 들수록, 더 신중해진다.
                                형용사   불완전한 절

· The more (~~beautiful~~ / beautifully) you dance, the happier the audience becomes.
                      부사   완전한 절

  당신이 더 아름답게 춤출수록, 청중은 더 행복해진다.

■ the + 비교급 + of the two [of A and B]: 둘 중에서 [A와 B 중에서] 더 ~하다

비교급도 비교 대상의 범위가 정해져 있을 경우 비교급 앞에 the를 사용할 수 있다.

'Chapter 12 대명사'의 부정대명사 관련 설명에서 '공을 뽑던 경우의 수'(p. 67 참고)를 떠올려보자. 범위(공의 개수)가 한정되어 있고, 그 수를 알고 있을 때는 the를 붙일 수 있다.

· He is the taller of the two twins. 두 쌍둥이 중에서 그가 더 크다.

> **Quiz** 보기 중 어법상 알맞은 것을 고르세요.
>
> 01 The longer she waited to give her presentation, the _____ she became.
>
> ① nervous   ② more nervous   ③ most nervous   ④ nervously

Quiz 정답 01 ②

3. 비교급 강조 부사

비교급 앞에서 비교급의 의미를 강조하는 부사가 무엇인지 묻는 문제가 출제된다.

> **even, much, still, far, a lot, by far** 훨씬

해당 순서대로 비교급 강조 부사를 외우도록 하자!
최상급 강조 부사(p. 106) 암기와도 연관되므로, 제시된 순서대로 암기하기!

· My daughter is much taller than she was a year ago. 내 딸은 일 년 전에 그랬던 것보다 훨씬 더 키가 크다.

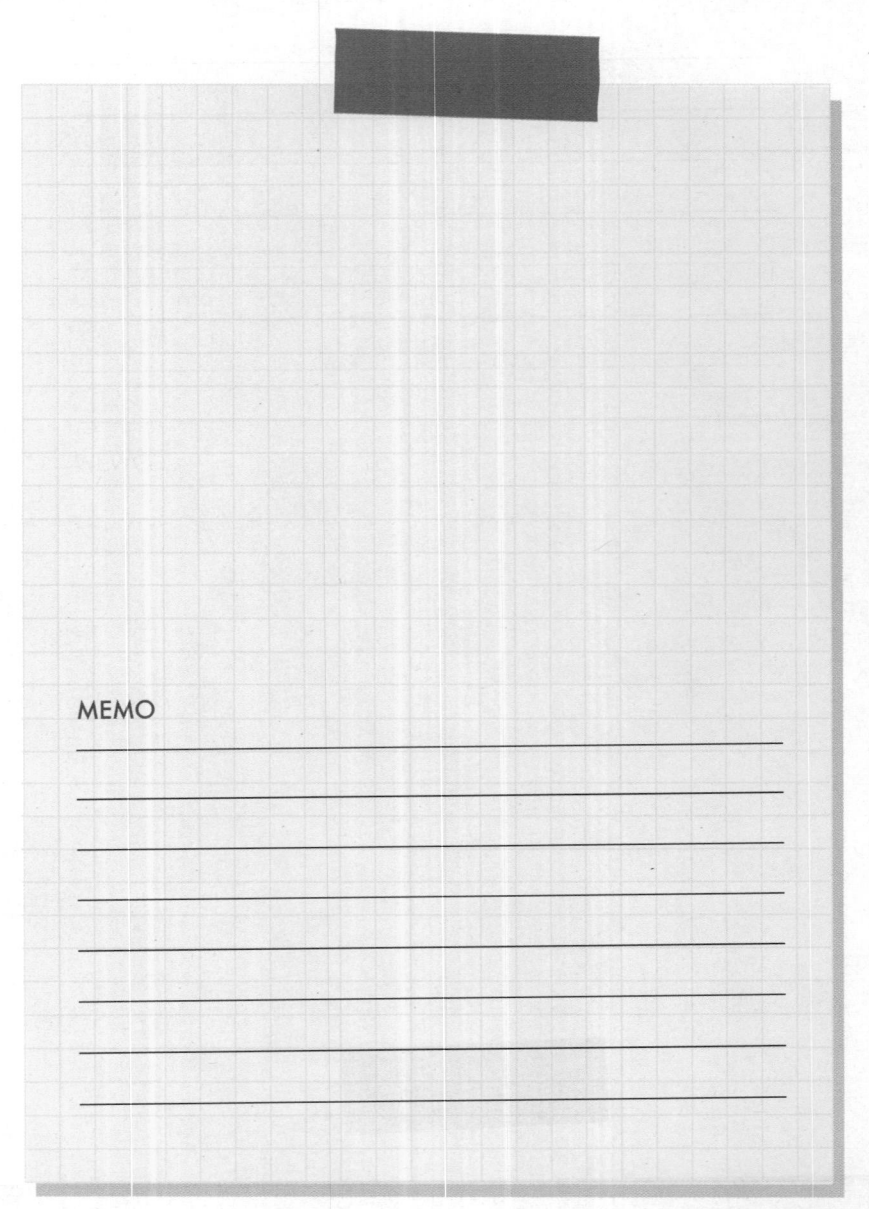

MEMO

4. than 대신 to를 쓰는 비교 표현

superior to ~보다 뛰어난	inferior to ~보다 열등한	senior to ~보다 더 나이 든
junior to ~보다 더 어린	prior to ~보다 이전에	prefer A to B B보다 A를 선호하다

5. 최상급의 의미를 만드는 비교급 관용 표현

■ **비교급 + than any other + 단수 명사 (다른 어떤 -보다 더 ~한)**

= **비교급 + than all the other + 복수 명사**

· He is more famous than any other writer. 그는 어떠한 다른 작가보다 훨씬 더 유명하다. = 그가 가장 유명한 작가이다.

· He is more famous than all the other writers. 모든 다른 작가들보다 그가 더 유명하다. = 그가 가장 유명한 작가이다.

■ **No other 단수 명사 / Nobody / Nothing ~ 비교급 + than A (다른 어떤 -도 A보다 더 ~하지 않다)**

= **No other 단수 명사 / Nobody / Nothing ~ so / as + 원급 + as A (다른 어떤 -도 A만큼 ~하지 않다)**

· Nothing is more precious than our love. 다른 어떤 것도 우리의 사랑보다 더 소중하지 않다. = 우리의 사랑이 가장 소중하다.

· No other man is so handsome as my little brother. 다른 어떤 사람도 나의 남동생만큼 잘생기진 않다. = 나의 남동생이 가장 잘생겼다.

■ **all the + 비교급 + because / because of / for (- 때문에 더욱더 ~하다)**

· I like him all the more because he is not perfect. 그가 완벽하지 않기 때문에 나는 그를 더욱더 좋아한다.

· I like him all the more because of his imperfection. 그의 불완전함 때문에 나는 그를 더욱더 좋아한다.

· I like him all the more for his imperfection. 그의 불완전함 때문에 나는 그를 더욱더 좋아한다.

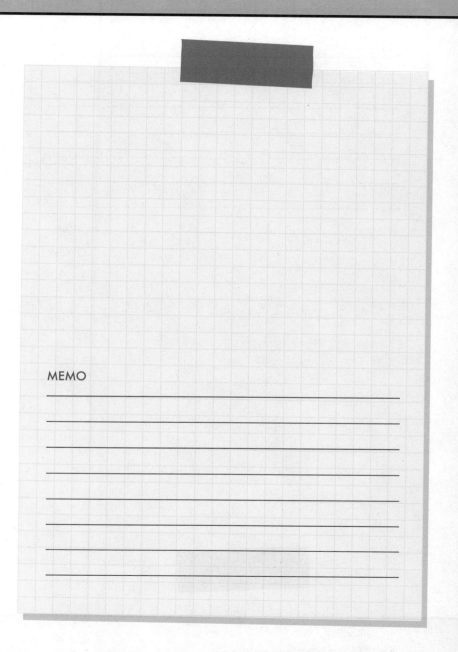

MEMO

③ 최상급 비교

1. 최상급의 형태

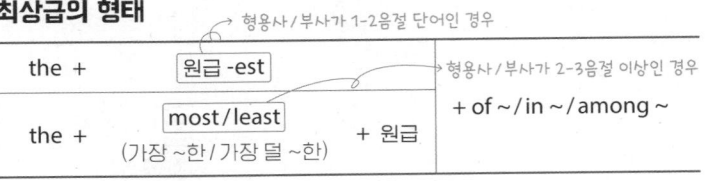

→ 형용사 / 부사가 1-2음절 단어인 경우

the +	원급 -est	→ 형용사 / 부사가 2-3음절 이상인 경우
the +	most / least (가장 ~한 / 가장 덜 ~한) + 원급	+ of ~ / in ~ / among ~

- Kenneth is the tallest one in the group. Kenneth는 그 집단에서 가장 키가 큰 사람이다.
- Kenneth is the most careful one in the group. Kenneth는 그 집단에서 가장 신중한 사람이다.

2. ☆ 최상급 강조 부사

최상급 앞에서 최상급의 의미를 강조하는 부사가 무엇인지 묻는 문제가 출제된다.

> **even, by far, quite** 단연코

💡 **암기 tip!** 앞에서 배운 비교급 강조부사(even, much, still, far, a lot, by far)의 맨 앞(even), 맨 뒤(by far) 단어에 quite를 추가하여 암기하자.

- It was by far the hardest test that I had ever taken. 그것은 내가 치러본 시험 중 단연코 가장 어려운 시험이었다.

3. ☆ the + 서수 + 최상급(~ 번째로 가장 -한)

- Pad Thai is the fifth most popular dish among people in Thailand.
  팟타이는 태국인들 사이에서 다섯 번째로 인기 있는 요리이다.

4. ☆ the 생략이 가능한 최상급

	the 생략이 불가능한 최상급	the 생략이 가능한 최상급
특성	특정 범위 내에서 가장 어떠함을 나타낼 때	특정 범위 내에서 비교/대조하는 것이 아니라, '하나의' 사람이나 사물이 가진 성격/성질을 나타낼 경우
예문	This mountain is the highest in the country. 이 산은 그 나라에서 가장 높다.	This mountain is (the) highest at that peak. 이 산은 저 정상에서 가장 높다.

MEMO

_____

_____

_____

_____

_____

_____

_____

① 병치 구문

접속사로 연결된 것들이 서로 같은 품사나 구조를 취해 균형을 이루고 있는 것을 병치라고 하며, 이러한 병치가 나타난 구문을 병치구문이라고 한다. 이렇게 병치 구조를 만드는 것에는 등위접속사, 상관접속사, 비교 구문이 있다.

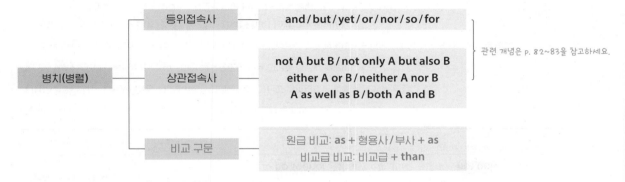

관련 개념은 p. 82~83을 참고하세요.

1. 등위접속사로 연결된 병치구문

- To praise and (~~being praised~~ / to be praised) is a key to improving your relationship with coworkers.
  칭찬하고 칭찬받는 것이 동료들과 당신의 관계를 개선시킬 비결이다.
- I want you to go there and (to help him / ~~helping him~~). 나는 당신이 그곳에 가서 그를 돕기를 원한다.
- He dances beautifully and (~~elegant~~ / elegantly). 그는 아름답고 우아하게 춤을 춘다.

2. 비교 구문으로 연결된 병치구문

- He looks as comfortable with me as with Tina. 그는 Tina와 함께 있을 때만큼 나와 함께 있을 때 편안해 보인다.
  → 비교 구문 as ~ as 앞뒤로 전치사구 with me와 with Tina가 병치되었다.
- He looks as comfortable with me as Tina.
  그는 Tina만큼 나와 함께 있을 때 편안해 보인다. / 그는 Tina와 함께 있을 때만큼 나와 함께 있을 때 편안해 보인다.
  → 명사 Tina와 병치된 것이 대명사 He인지 대명사 me인지 명확하지 않으므로 두 가지 해석이 모두 가능하다.
- The apple is as fresh now as two days ago. 그 사과는 이틀 전 그랬던 것만큼 지금 신선해 보인다.
  → 부사 now와 부사구 two days ago가 병치되었다.

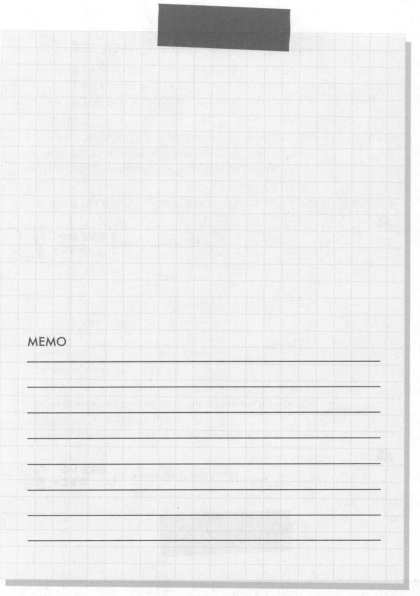

MEMO

② 도치 구문

> 문장에 부정어가 맨 앞에 나온다고 해서 모두 도치가 일어나는 것은 아니다. 부정 부사가 '문장 전체를 부정'해주는 상황에서만 도치가 가능하다.
> · With no money, I went back home. (O) 돈 없이 나는 집으로 돌아갔다.
> → 부정어 no가 들어간 부정 부사구 with no money가 있지만, 이 부정 부사구가 I went back home을 부정해 주지 않으므로, 도치가 일어나지 않는다.

1. 의문문 어순 도치

특정 표현이 문장의 맨 앞에 나올 때 주어와 조동사의 위치가 바뀌어 의문문의 어순(be동사 / 조동사 / do동사 + 주어 + 동사)처럼 도치가 일어나는 것을 말한다.

■ **부정어에 의한 도치**

부정 부사어	never 결코 ~ 않다 hardly / scarcely / rarely / seldom / little 거의 ~ 않다 nowhere 어디에서도 ~ 않다 nor / neither ~도 역시 - 않다
부정 부사구(전명구)	전치사 + no + 명사(at no time / on no account) = never 결코 ~ 않다 no longer 더 이상 ~ 않다 no sooner ~ than ~하자마자 -하다 not only ~일 뿐 아니라
부정 부사절	not until ~하고 나서야 비로소 -하다 → not until 부정 부사절의 도치는 not until이 있는 부사절 내에서가 아니라, 본 절에서 주어와 동사의 도치가 일어난다.

· Never have I seen it before. 나는 그것을 이전에 결코 본 적이 없다.
· Little does she know that I like her. 그녀는 내가 그녀를 좋아한다는 것을 거의 알지 못한다.
· In no way can I persuade her. 어떤 방식으로도 나는 그녀를 설득할 수 없다.
· Under no circumstances are you allowed to go there. 어떤 상황에서도 너는 그곳에 가도록 허락되지 않는다.
· Not until I got off the bus, did I realize that I had lost my wallet.
  내가 버스에서 내리고 나서야, 나는 내가 내 지갑을 잃어버렸다는 것을 깨달았다.
  cf 도치 전 문장: I did not realize that I had lost my wallet until I got off the bus.

♣고득점 추가 포인트 | no sooner than의 도치

· She had no sooner arrived in China than she fell sick.
  그녀가 중국에 도착하자마자, 그녀는 병이 났다.
  → No sooner had she arrived in China than she fell sick. (O)
  (= No sooner did she arrive in China than she fell sick.)

cf no sooner than과 의미가 동일한 표현

Hardly Scarcely	+ had + S + p.p. +	when before	+ S + 과거 동사

ex) Hardly had she arrived in China when she fell sick.

♣고득점 추가 포인트 | not only의 도치

not only A but also B에서 도치가 일어나기 위해서는 A와 B 자리에 동사가 있어야 한다.
ex) Not only James but also my sister likes shopping.
  James뿐만 아니라 내 여동생도 쇼핑을 좋아한다.
  → A와 B 자리에 동사가 아닌 명사(James, my sister)가 왔으므로 도치가 일어나지 않는다.
She not only likes pizza but also enjoys Korean food.
  그녀는 피자를 좋아하는 것뿐만 아니라 한국음식도 즐긴다.
  → A와 B 자리에 동사(likes, enjoys)가 왔으므로 도치가 일어날 수 있다.
∴ Not only does she like pizza but also enjoys Korean food.

■ **제한어 only에 의한 도치**

only + 부사 + 의문문 어순	Only quietly should you talk because we are in the library. 우리가 도서관에 있기 때문에 너는 오직 조용히 말해야 한다.
only + 부사구 + 의문문 어순	Only in this area can you find these rare pine trees. 오직 이 지역에서만 당신은 이 희귀한 소나무들을 볼 수 있다.
only + 부사절 + 의문문 어순	Only after I got off the train, did I realize that I had been robbed. 오직 내가 기차에서 내리고 나서야, 나는 내가 도둑을 맞았다는 것을 알아차렸다.

■ **so에 의한 도치**

'-도 (역시) 그러하다'의 도치	My friend passed the test, and so did I. 내 친구는 시험을 통과했고, 나도 역시 그러했다.
'so + 형용사/부사' (너무 ~해서 -하다)의 도치	So nervous is the man that he can't remember the first line of his speech. 그 남자는 너무 긴장해서 그는 연설의 첫 번째 줄을 기억할 수 없다. So beautifully did she dance that everybody was moved. 그녀는 너무 아름답게 춤을 춰서 모든 사람들이 감동받았다.

■ **접속사 as(처럼)/ than(-보다)에 의한 도치 (S1≠S2일 때만 도치!)**

주절의 주어(S1)와 부사절의 주어(S2)가 서로 같지 않으면서, 부사절 접속사로 as나 than이 문두(절의 맨 앞)에 오면 도치가 일어날 수 있다.

· Lilacs only bloom for a short time, as do cherry blossoms. (= as cherry blossoms do)
　 S1　　　　　　　　　　　　　　　　　　V　　S2

　벚꽃이 그러는 것처럼, 라일락은 짧은 시간 동안에만 핀다.

2. 문장 형식에 따른 도치

■ **1형식(S+V) 문장의 도치**

> ⓒⓕ 시간을 나타내는 부사구를 문두에 강조할 때는 도치가 일어나지 않는다!
> ex) In a few minutes the president will begin his speech. 몇 분 후에 대통령이 연설을 시작할 것이다.

1형식 문장에서 장소/방향/위치를 나타내는 '부사/부사구(전명구)'를 문두에 강조할 때 주어와 동사의 위치를 서로 바꾸어 준다. 단, 장소를 나타내는 부사구 뒤에 콤마(,)가 오면 주어와 동사의 위치를 바꾸지 않는다.

> S + V + 부사/부사구(장소/방향/위치) → 부사/부사구(장소/방향/위치) + V + S

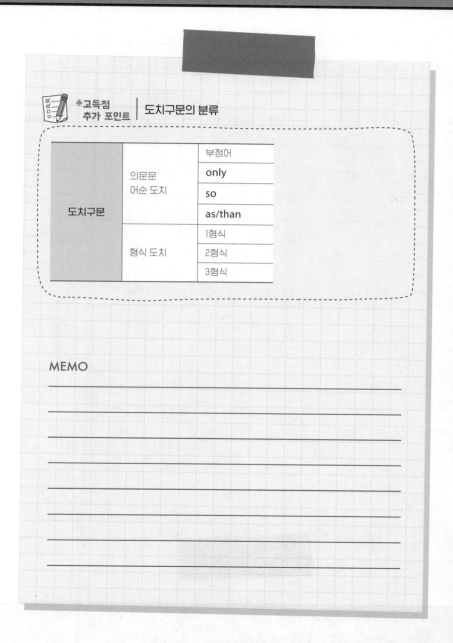

✎ **고득점 추가 포인트** | 도치구문의 분류

도치구문	의문문 어순 도치	부정어
		only
		so
		as/than
	형식 도치	1형식
		2형식
		3형식

MEMO
_____
_____
_____
_____
_____
_____
_____

· The new president comes <u>here</u>. → <u>Here</u> comes <u>the new president</u>. 이곳에 그 새로운 대통령이 온다.
　　　　　　　　　　　　　　　　　　V　　　　　S

· My best friend lives <u>across the street</u>. → <u>Across the street</u> <u>lives</u> <u>my best friend</u>. 나의 가장 친한 친구는 길 건너편에 산다.
　　　　　　　　　　　　　　　　　　　　　　　　　　V　　　S

☆
· <u>On the roof,</u> three dogs live. 지붕에, 세 마리의 개가 산다.
→ on the roof 뒤에 콤마(,)가 왔으므로 주어와 동사의 위치를 바꾸지 않는다.

■ 2형식(S + V + S.C) 문장의 도치

	2형식 문장의 주격 보어 자리의 형용사/분사를 문두에 강조	양보의 부사절(though/as) 내의 보어를 문두에 강조
도치 구조	<u>(S + V)</u> + S.C → S.C + V + S	____ Though(As) + S + <u>V</u> ~, S + V be동사 + S.C
예문	<u>Happy</u> <u>are</u> those who think positively. S.C(형용사) V　　　　　S 긍정적으로 사고하는 사람들은 행복하다. <u>Standing on the stage</u> <u>was</u> a man who looks happy. S.C(현재분사)　　　　V　　　S 행복해 보이는 한 남자가 무대 위에 서 있다. <u>Related to the case</u> <u>was</u> my son who had long left home. S.C(과거분사)　　　V　　　S 내 아들이 오래전 집을 떠났다는 것이 그 사건과 관련 있었다.	<u>Young</u> as (though) he is, he is wise. S.C(형용사) 양보의 부사절 S V 비록 그는 어리지만, 현명하다.　　동사 자리에 be동사가 올 경우, 　　　　　　　　　　　　　be동사 뒤에 온 주격 보어(S.C)를 　　　　　　　　　　　　　문두로 보낼 수 있다. <u>Scientist</u> as (though) she is, she relies on superstitions. S.C(명사)　　양보의 부사절　 S V 비록 그녀는 과학자이지만, 그녀는 미신을 믿는다. → 분사가 문두에 강조되어 도치되는 경우 주로 뒤에 전명구(전치사+명사)가 같이 따라 나온다.

■ 5형식(S + V + O + O.C) 문장의 도치 〰️ 5형식 도치는 난도 높은 독해 지문을 해석할 때에 활용되는 포인트이며, 문법 문제로는 잘 출제되지 않는다.

목적어 자리에 긴 목적어가 오고, 목적격 보어 자리에 형용사가 올 경우 목적어와 목적격 보어 자리가 바뀌는 도치가 일어날 수 있다.

> S + V + <u>O</u> + <u>O.C</u> → S + V + O.C + O
> 　　　긴 목적어　형용사

· I found <u>the man who had been suspected of stealing money</u> innocent.
나는 돈을 훔친 것으로 의심받았던 그 남자가 결백하다는 것을 알게 되었다.

→ I / <u>found</u> / <u>innocent</u> / <u>the man who had been suspected of stealing money</u>.
　S　　V　　O.C(형용사)　　　　　　　　O(긴 목적어)

MEMO

③ 강조구문

1. 명사·동사 강조

재귀대명사	명사·대명사 바로 뒤 또는 문장 맨 뒤에 써서 명사나 대명사를 강조
do 동사	일반동사 앞에 **do** 동사를 써서 일반 동사의 의미를 강조 → do 동사는 주어와 수·시제가 일치해야 한다.
the very	명사 앞에 써서 명사 강조

· I <u>myself</u> do not believe that this is true. 내 자신은 이것이 사실이라고 생각하지 않는다.

· He <u>does</u> like snacks. 그는 과자를 정말 좋아한다.

· This is <u>the very</u> book I read five years ago. 이것은 내가 5년 전에 읽은 바로 그 책이다.

2. it be - that 강조구문

완전한 문장 내의 특정 부분(주어 / 목적어 / 부사 / 부사구 / 부사절)의 강조를 위해 'it be - that'을 사용하여 강조구문을 만든다.

강조되는 부분: 주어 / 목적어 / 부사 / 부사구 / 부사절

강조되는 내용에 따라서 that 이외에 다른 것을 사용할 수 있다!
사람 강조: who(m) / 사물 강조: which / 시간 강조: when / 장소 강조: where

It be _____ that _____
~하는 것은 바로 -이다

· David **loved the woman.** David는 그 여자를 사랑했다. → **It was David that loved the woman.**
주어(David) 강조
그 여자를 사랑했던 것은 바로 David였다.

· I met her **last night.** 나는 어젯밤에 그녀를 만났다. → **It was last night that I met her.** 내가 그녀를 만난 것은 바로 어젯밤이었다.
부사(last night) 강조

MEMO

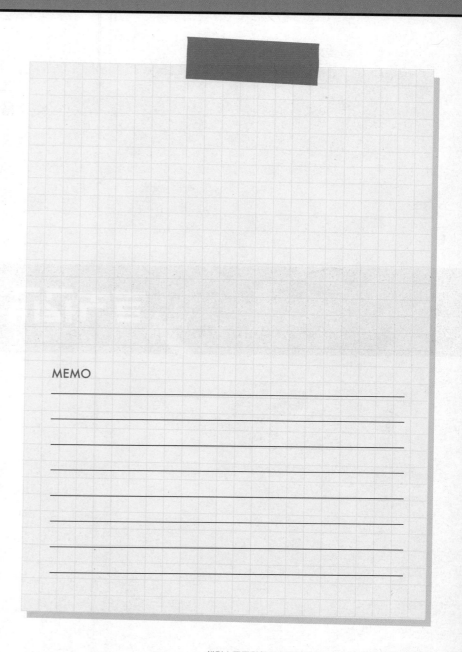

채우면서 암기하는 핵심문법 빈칸노트

공무원 시험 전문 해커스공무원

gosi.Hackers.com

Chapter 01 주어·동사 / 목적어·보어 / 수식어

01 주어

· 주어 자리에 올 수 있는 것: [1]   역할을 하는 것
 [1]   역할을 하는 것에서는 [1] , 대명사(구), [2] , to 부정사(구), [3]   이 있다.

02 동사

· 동사 자리에 올 수 있는 것에는 [4] , [5] , [6]   가 있다.
· 동사 자리에 [7]   형태와 [8]   형태는 올 수 없다.
· 동사 자리에서 고려해야 할 것: 동사 자리에는 [9] , [10] , [11]   가 적절한 동사가 와야 한다.

03 목적어

· 목적어 자리에 올 수 있는 것: [12]   역할을 하는 것
 [12]   역할을 하는 것에서는 [12] , 대명사(구), [13] , to 부정사(구), [14]   이 있다.
· 동명사는 [15]   지향적 의미, to 부정사는 [16]   지향적 의미를 가지고 있다.

04 보어

· 보어 자리에 올 수 있는 것: [17]   역할을 하는 것 + [18]   역할을 하는 것
· 보어의 종류에는 주격 보어와 목적격 보어가 있다.

· 보어를 갖는 동사들

 * [19]   보어를 갖는 동사
 [20]   ~이다, ~이 되다 keep 계속해서 ~하다 [21]   여전히 ~이다, 계속 ~이다
 go/become/get/grow/turn/run/fall ~한 상태가 되다 smell ~한 냄새가 나다 [22]   ~하게 들리다 look/seem/[23]   ~처럼 보이다 taste ~한 맛이 나다 feel ~처럼 느끼다
 * [24]   보어를 갖는 동사
 make ~을 -으로 만들다 think ~을 -이라고 생각하다 believe ~을 -이라고 생각하다
 leave ~을 -한 채로 남겨두다 keep ~을 계속 -하게 하다 [25]   ~을 -이라고 생각하다

05 수식어

· 수식어는 문장에서 [26]   요소가 아니다.
 cf) 반면에, 주어, 동사, [27] , [28]   는 문장에서 필수 요소이다.

06 가짜 주어·목적어 구문

· 주어/목적어가 상당히 길고 [29]   가 있을 때, 주어/목적어 자리에 [30]   을 대신 넣고 원래의 긴 주어/긴 목적어는 문장 뒤로 보낸다. 이때 it을 '[31]   주어/목적어'라고 하며, 원래의 긴 주어/목적어를 '진짜 주어/목적어'라고 한다.
· 가짜 주어 it 구문에서 '동작의 주체(의미상 주어)'를 표현하는 방법: 일반적으로 전치사 [32]   를 활용하나 사람의 성격/성품을 나타낼 때는 전치사 [33]   를 활용한다.
· 가짜 주어 there 구문: '[34] '를 뜻하며 'there + [35]   + [36] ' 구조를 이룬다. there 구문에서의 동사는 [37]   에 수 일치시킨다.

Answer　1 명사(구)　2/3 동명사(구), 명사절　4/5/6 be동사, 조동사, 일반동사　7/8 to + 동사원형, 동사원형 + ing　9/10/11 수, 태, 시제　12 명사(구)　13/14 동명사(구), 명사절　15 과거　16 미래　17/18 명사, 형용사　19 주격　20 be　21 remain　22 sound　23 appear　24 목적격　25 find　26 필수　27/28 목적어, 보어　29 (주격/목적격) 보어　30 it　31 가짜　32 for　33 of　34 ~이 있다　35 동사　36 주어　37 진짜 주어

Chapter 02 동사의 종류(문장의 형식)

01 1형식: 주어 + [1   ]

· 빈출 1형식 동사

> * '발생하다' 동사: happen/occur/²a[   ]/take place
> * '나타나다' 동사: ³[   ]/appear
> * 기타 빈출 동사: ⁴[   ] 눕다 sit 앉다 ⁵[   ] 효과가 있다 ⁶[   ] 충분하다
>   matter 중요하다 count 중요하다 last 지속되다 rank 등급을 차지하다

· 특정 전치사와 자주 쓰이는 빈출 1형식 동사

to	agree to ~에 동의하다 belong to ~에 속하다 object to ~에 반대하다 ⁷[ ] to ~에 답하다
for	⁸[ ] ~을 설명하다/차지하다 arrange for ~을 계획하다 look for ~을 찾다 wait for ~을 기다리다
with	agree with ~에게 동의하다 ⁹[ ] ~을 따르다, 준수하다 cooperate with ~와 협동하다 deal with ~을 다루다
from	differ from ~과 다르다 suffer from ~로부터 고통받다 refrain from ~을 삼가다 결과 result from 원인 결과가 원인으로부터 발생하다 ¹⁰[ ] from ~으로부터 발생하다
in	¹¹[ ] in ~에 참여/관여하다 ¹²[ ] in ~에 참여하다 원인 result in 결과 원인이 결과를 낳다 succeed in ~에 성공하다

02 2형식: 주어 + 2형식 자동사 + [13   ]

· 오감 동사

> ¹⁴l[   ] ~처럼 보이다 feel ~처럼 느끼다 sound ~처럼 들리다 ¹⁵[   ] ~한 냄새가 나다
> taste ~한 맛이 나다

03 3형식: 주어 + 3형식 타동사 + [16   ]

· 빈출 3형식 타동사

> discuss ~에 대해 토론하다 explain ~에 대해 설명하다 ¹⁷[   ] ~을 부르다/다루다
> greet ~에게 인사하다 resemble ~와 닮다 ¹⁸[   ] ~보다 오래 살다/살아남다

04 혼동하기 쉬운 자동사와 타동사

· 의미가 비슷해서 혼동하기 쉬운 자동사와 타동사

> * 말하다: speak to = ¹⁹[   ]
> * 답하다: ²⁰[   ] to/reply to = answer
> * 반대하다: object to = rebel against = ²¹o[   ] = resist

· 형태가 비슷해서 혼동하기 쉬운 자동사와 타동사

> * 자동사: ²²[   ] 눕다, 놓여있다/거짓말하다 ²³[   ] 앉다 ²⁴r[   ] 떠오르다
> * 타동사: ²⁵[   ] ~을 놓다, 두다 ²⁶[   ] ~을 앉히다 ²⁷r[   ] ~을 모으다, 올리다

Answer **1** 1형식 자동사 **2** arise **3** emerge **4** lie **5** work **6** do **7** reply[respond] **8** account for **9** comply with **10** arise **11** engage **12** participate **13** 주격 보어 **14** look **15** smell **16** 목적어 **17** address **18** survive **19** tell **20** respond **21** oppose **22** lie **23** sit **24** rise **25** lay **26** seat **27** raise

05 4형식: 주어 + 4형식 타동사 + (간접) 목적어 + [28]

· 특수 4형식 동사: 4형식 동사 + 명사 + [29]

```
* 말하다: tell
* 알리다: [30]        / notify / remind
* 확신시키다: [31]        / convince
* 약속하다: promise
* 경고하다: warn
```

· 4형식 → 3형식으로의 전환: give/lend 등과 함께 쓰이는 전치사는 [32]   이고 buy, make, choose 와 함께 쓰이는 전치사는 [33]   이며 ask, demand 등과 함께 쓰이는 전치사는 [34]   이다.

06 5형식: 주어 + 5형식 타동사 + 목적어 + [35]

· 목적격 보어 자리에 명사/형용사를 취하는 동사

```
make / [36]t        / believe / leave / keep / [37]f        / [38]c
```

· 목적격 보어 자리에 to 부정사를 취하는 동사

```
[39]w        / [40]n        / force / [41]c        / tell / ask / [42]r        / request /
[43]g        / cause / lead / encourage / expect
```

· 목적격 보어 자리에 동사원형을 취하는 동사 ① - [44]   동사

```
make / [45]        / [46]
```

· 목적격 보어 자리에 동사원형을 취하는 동사 ② - [47]   동사

```
* 보다: see / look at / watch / [48]
* 듣다: hear / [49]
* 느끼다: feel / [50]
```

07 목적에 뒤에 as나 to be를 갖는 동사

· 목적어 뒤에 'as + 명사'를 취하는 동사: '간주하다'류의 3형식 동사

```
consider ~을 -으로 여기다  [51]        ~을 -으로 여기다  [52]        ~을 -으로 묘사하다/-이라고 말하다
define ~을 -으로 정의하다   identify ~을 -으로 확인하다   [53]        to ~을 -이라고 부르다
think of ~에 대해 -이라고 생각하다   conceive of ~을 -이라고 생각하다
```

· 목적어 뒤에 '(to be) + 명사·형용사'를 취하는 동사

```
consider ~을 -으로 여기다   think ~이 -이라고 생각하다   believe ~이 -이라고 믿다
[54]        ~이 -이라고 보증하다
```

Answer **28** (직접) 목적어 **29** that절 **30** inform **31** assure **32** to **33** for **34** of **35** 목적격 보어 **36** think **37** find **38** consider **39** want **40** need **41** compel **42** require **43** get **44** 사역 **45/46** have, let **47** 지각 **48** notice **49** listen to **50** perceive **51** regard **52** describe **53** refer **54** certify

Chapter 03 수 일치

01 단수 주어 + [1]_____ 동사 / 복수 주어 + [2]_____ 동사

· 동명사/to 부정사/명사절 + [3]_____ 동사
· 단위 명사 + [4]_____ 동사
· 집합 명사 + 단수/복수 동사

02 수량 표현/부분·전체 표현을 포함한 주어와 동사의 수 일치

· 단수 취급 수량 표현 (+ 단수 동사)

one / each / every / [5]a_____	the number of / one of / either of / [6]n_____ of
some/any/no/every x thing/body/one	many + [7]a/an_____ + 단수 명사

· 복수 취급 수량 표현 (+ 복수 동사)

many/multiple/numerous/various/[8]s_____
a number of / a range of/a [9]v_____ of/a diversity of
a [10]s_____ of/a selection of/a couple of
[11]f_____ / [12]b_____

· 부분/전체를 나타내는 of 뒤 명사와 동사의 수 일치

all, [13]n_____, [14]m_____, some, half, the rest, 분수, portion, percent	+ of	+ 단수 명사 + [15]_____ 동사
		+ 복수 명사 + [16]_____ 동사

03 (상관) 접속사로 연결된 주어와 동사의 수 일치

· and로 연결된 주어(A and B): [17]_____ 취급

A and B (A와 B)		
[18]_____ A and B (A와 B 둘 다)	+	[19]_____ 동사

· or/nor로 연결된 주어(A or/nor B): [20]_____ 에 수 일치

A or B (A나 B)		
[21]_____ A or B (A 또는 B 중 하나)	+	[23]_____ 의 수에 일치하는 동사
[22]_____ A nor B (A도 B도 아닌)		

· 기타 접속사로 연결된 주어 동사의 수 일치

A [24]_____ B (B뿐만 아니라 A도) + [25]_____ 의 수에 일치하는 동사
not A but B (A가 아니라 B) + [26]_____ 의 수에 일치하는 동사
not [27]_____ A but (also) B (A뿐만 아니라 B도) + [28]_____ 의 수에 일치하는 동사

04 주격 관계절의 선행사와 동사의 수 일치

단수 선행사	+ 주격 관계대명사 (who/which/that)	+ [29]_____ 동사
복수 선행사		+ [30]_____ 동사

ex) She has two daughters who [31]_____ her happy. (동사 make 활용하여 빈칸 채우기)
그녀에게는 그녀를 행복하게 하는 두 딸이 있다.

Answer 1 단수 2 복수 3 단수 4 단수 5 another 6 neither 7 a/an 8 several 9 variety 10 series 11 few 12 both 13 none 14 most 15 단수 16 복수 17 복수 18 both 19 복수 20 B 21 either 22 neither 23 B
24 as well as 25 A 26 B 27 only 28 B 29 단수 30 복수 31 make

Chapter 04 시제

01 단순 시제

· 현재 시제: ¹_____의 부사절에는 현재 시제가 미래 시제를 대신한다.

· 과거 시제: 과거 시제는 과거일 뿐 ²_____와 연관 짓지 않는다.

· 미래 시제: 미래 시제는 '³_____ + 동사원형 = ⁴_____ to + 동사원형' 형태로 미래에 대한 예상이나 의지를 나타낸다.

02 진행 시제

· 현재 진행 시제는 ⁵_____를 대신하여 쓸 수도 있다.

· 진행 시제로 쓸 수 없는 동사

감정	love 좋아하다 like 좋아하다 ⁶_____ 선호하다 hate 싫어하다 surprise 놀라게 하다 ⁷_____ 만족시키다
상태	be ~이다 ⁸_____ 속하다 have 가지다 owe 빚지다 ⁹p_____ 소유하다 consist 구성하다
인지	¹⁰_____ 믿다 know 알다 see 알다 ¹¹_____ 이해하다 realize 깨닫다 remember 기억하다
감각	sound ~하게 들리다 look ~처럼 보이다 seem ~인 것 같다 appear ~인 것 같다 smell ~한 냄새가 나다 ¹²_____ ~한 맛이 나다
기타	need 필요하다 agree 동의하다 deny 부인하다 ¹³_____ 약속하다 want 원하다 wish 바라다

03 완료 시제

· 현재완료 시제는 ¹⁴_____, 결과, ¹⁵_____, 완료를 나타낼 수 있다.

· 과거완료 시제는 특정 과거 시점보다 ¹⁶_____에 발생한 일을 표현할 때 사용한다.

· 미래완료 시제는 ¹⁷_____ 시점이 주어지고 동작/시간의 경과가 그 ¹⁷_____ 시점에서 완료될 경우 사용한다.

04 시제 일치

· 과거, 현재, 미래, 현재완료 시제와 자주 함께 쓰이는 표현들

과거	yesterday 어제 ¹⁸_____ + 시간 표현 지난 ~에 시간 표현 + ago ~ 전에 by the time + 주어 + ¹⁹_____ 동사 ~했을 때쯤에
현재	²⁰_____ 보통 always 항상 often 자주 ²¹_____ month(year) 매월(매년) generally 보통
현재완료	yet 아직 ²²_____ 지금까지, 여태껏 ²³_____ + 과거 시간 표현 ~ 이래로
미래·미래완료	tomorrow 내일 next + 시간 표현 다음 ~에 by/until + 미래 시간 표현 ~까지 by the time + 주어 + ²⁴_____ 동사 ~할 때쯤에

· 주절의 시제가 과거일 경우, 종속절에는 주로 과거나 ²⁵_____ 시제가 온다.

· '~하자마자 -하다' 구문: ²⁶_____ + ²⁷_____ + S1 + p.p. + before/when + S2 + ²⁸_____ 시제

· '~하지도 않아 -했다' 구문: S1 + ²⁹_____ + p.p., before/when + S2 + ³⁰_____ 시제

Chapter 05 능동태·수동태

01 능동태·수동태의 구조와 쓰임

· 능동태 문장의 [1]_____를 주어 자리로 보내고 동사 자리에 'be + [2]_____'를 쓰면 수동태 문장이 된다.

· [3]_____는 '주어가 ~하다'라는 의미로 주어가 행위의 주체일 경우 쓰이며, [4]_____는 '주어가 ~되다/당하다'라는 의미로 주어가 행위의 대상이 될 때 쓰인다.

· [5]_____형식 문장은 수동태 문장을 만들 수 없고, [6]_____형식 문장은 수동태 문장을 만들 수 있다.

· 수동태로 쓸 수 없는 자동사

remain ~인 채로 남아 있다	[7]_____ 나타나다, 부상하다	arise 발생하다
appear 나타나다	[8]o_____ 발생하다	happen 발생하다
[9]r_____ 일어나다	belong 속하다	range 범위에 이르다
consist 이루어져 있다	result 결과로 생기다	wait 기다리다

· 수동태로 쓸 수 없는 타동사

resemble 닮다	cost (비용이) 들다	[10]_____ ~이 부족하다
[11]_____ ~에 맞다	become ~에 어울리다	suit 잘 맞다, 어울리다
let ~하게 하다	equal ~과 같다	befall ~에게 일어나다

02 3형식 문장의 수동태

· 기본 3형식 문장의 수동태: 주어 + be p.p. + (by + 행위의 주체)

· that절을 목적어로 갖는 3형식 문장의 수동태 구조

① [12]_____ + [13]_____ + that

② 주어 + be p.p. + [14]_____

03 4형식 문장의 수동태

· 기본 4형식 문장의 수동태

① [15]_____가 주어로 간 수동태

② [16]_____가 주어로 간 수동태

· 특수 4형식 문장의 수동태: 주어 + be p.p. + [17]_____ 구조

04 5형식 문장의 수동태

· make, think, believe, leave … 동사의 수동태 구조: 주어 + 수동태 동사 + 명사/[18]_____

· want, need, force … 동사의 수동태 구조: 주어 + 수동태 동사 + [19]_____

· 사역동사/지각동사의 수동태 구조: 주어 + 수동태 동사 + [20]_____

05 동사구의 수동태

pay attention to ~에 주의를 기울이다	laugh at ~을 비웃다	take advantage of ~을 이용하다
[21]_____ ~에 의존하다	take care of ~을 돌보다	look up to ~를 존경하다
make fun of ~을 놀리다	seek after ~을 찾다	turn on ~을 켜다
[22]_____ ~을 -이라고 부르다	turn off ~을 끄다	catch up with ~을 따라잡다
[23]_____ ~을 취소하다	give up ~을 포기하다	

ex) Her mother was [24]_____ her. 그녀의 어머니는 그녀에 의해 존경을 받았다.

Chapter 06 조동사

01 조동사의 분류

· 기능 조동사

| **1** _____ (진행, 수동의 기능) **2** _____ (완료의 기능) **3** _____ (부정, 강조, 의문문의 기능) |

· 의미 조동사

| **4** _____ ~할 수 있다 **5** _____ ~할 것이다, ~하겠다 **6** _____ ~해도 된다, ~일지도 모른다 |
| **7** _____ ~해야 한다, ~임에 틀림없다 **8** _____ ~해야 한다 |

02 (의미) 조동사 + 동사원형

· (의미) 조동사 바로 뒤에는 동사원형이 온다.
· 당위성 that절(당위절)의 형태: '**9** _____ + **10** _____'
· 당위성 that절과 함께 쓰이는 동사

| * 주장: **11**i_____ |
| * 제안: **12**s_____, **13**r_____, propose |
| * 요구, 요청: **14**a_____, require, request, **15**d_____ |
| * 명령: **16**o_____, command |

· 당위성 that절과 함께 쓰이는 형용사

| * 필수: **17**n_____, **18**e_____, imperative, **19**i_____ |
| * 의무: mandatory, **20**o_____ |

· 조동사처럼 쓰이는 표현 + 동사원형

21 _____ ~해야 한다	need to ~해야 한다	be going to ~할 것이다
22 _____ ~하는 게 좋겠다	have to ~해야 한다	**24** _____ ~하곤 했다
23 _____ ~할 수 있다	dare to 감히 ~하다	

03 조동사 be · have · do

· be동사: '동사 + ing'와 결합하여 진행형을 만들고 (be + ing) 과거분사(p.p.)와 결합하여 수동형을 만듦 (be + p.p.)
· have동사: 과거분사(p.p.)와 결합하여 완료형을 만듦 (have + p.p.)
· do동사

| * 강조문: do/does/did + **25** _____ |
| * 일반동사의 부정문: do/does/did + **26** _____ + **27** _____ |
| * 중복 방지: 중복되는 일반동사(구) → do/does/did |
| * 의문문: do/does/did + **28** _____ + **29** _____ |

· '~ 또한 그렇다' 표현: **30** _____ + 동사 + 주어
· '~ 또한 그렇지 않다' 표현: **31** _____ + 동사 + 주어

04 조동사 can · will · may · must · should

| * **32** _____ : [능력] ~할 수 있다/[허가] ~해도 된다/[요청] ~해주다/[강한 추측] ~일 수 있다 |
| * **33** _____ : [미래] ~할 것이다/[의지·고집] ~하겠다/[요청] ~해주다 |
| * **34** _____ : [허가] ~해도 된다/[약한 추측] ~일지 모른다 |
| * **35** _____ : [의무] ~해야 한다/[강한 확신] ~임에 틀림없다 |
| * **36** _____ : [의무·제안] ~해야 한다/[추측] ~일 것이다 |

Answer 1 be 2 have 3 do 4 can 5 will 6 may 7 must 8 should 9 should 10 동사원형 11 insist 12 suggest 13 recommend 14 ask 15 demand 16 order 17 necessary 18 essential 19 important 20 obligatory
21 ought to 22 had better 23 be able to 24 used to 25 동사원형 26 not 27 동사원형 28 주어 29 동사원형 30 so 31 neither 32 can 33 will 34 may 35 must 36 should

05 조동사 관련 표현

· 조동사 + have p.p.

* 과거에 대한 추측

  37 [   ] have p.p. ~했었음에 틀림없다   **38** [   ] have p.p. ~했을 리가 없다

  39 [   ] have p.p. ~했을지도 모른다

* 과거에 대한 유감(후회)

  40 [   ] have p.p. ~했어야 했는데 하지 않아서 유감이다(하지 않았어야 했는데 해서 유감이다)

  = ought to have p.p.

· 조동사 관련 숙어

  cannot (help) but + 동사원형 ~할 수밖에 없다   **41** [   ] ~하는 것이 당연하다

  42 [   ] ~하는 것이 더 낫다   **43** [   ] 차라리 ~하는 게 더 낫다(선호)

  44 [   ] ~하는 게 좋겠다(의무, 경고, 충고)

  45 [   ] + 동사원형 + too[over/enough] 아무리 ~해도 지나치지 않다

Chapter 07 가정법

01 가정법의 분류

· 가정법: 알고 하는 가정(가정절) + 모르고 하는 가정

· 알고 하는 가정(가정절): 현재 사실 반대(가정법 과거), 과거 사실 반대(가정법 과거완료), 혼합 가정법,
　　　　　　　　　　　　 미래 사실 반대

· 모르고 하는 가정(조건절): 현재, 과거, 미래

02 현재 사실 반대 가정 (가정법 과거)

· 현재 사실을 반대로 가정 + 현재 사실의 반대 결과를 가정

· 구조: If S₁ + V₁(¹　　　 시제), S₂ + V₂(²　　　 + 동사원형) (만약 V₁하다면 V₂할 텐데)

03 과거 사실 반대 가정 (가정법 과거완료)

· 과거 사실을 반대로 가정 + 과거 사실의 반대 결과를 가정

· 구조: If S₁ + V₁(³　　　), S₂ + V₂(조동사 ⁴　　　 + ⁵　　　) (만약 V₁했었다면 V₂했을 텐데)

04 혼합 가정법

· ⁶　　　 사실을 반대로 가정 + ⁷　　　 사실의 반대 결과를 가정

· 구조: If S₁ + V₁(⁸　　　), S₂ + V₂(조동사 ⁹　　　 + ¹⁰　　　)
　　　　(만약 과거에 V₁했었다면 지금 V₂할 텐데)

· 혼합 가정법의 단서 표현

　* 주절에 현재임을 나타내는 표현

　　¹¹　　　 지금　today 오늘, 요즘　¹²　　　 요즘　at this moment 지금

　* If절에 과거 시점을 나타내는 단서 표현

　　then 그때　yesterday 어제　those days 그 당시　at that time 그때

05 미래 사실 반대 가정 (가정법 미래)

· 가정법 미래는 가능성이 희박한 미래를 가정하며 미래의 형태는 두 가지가 있다.

· 가정법 미래 구조 ①: If S₁ + V₁(¹³　　　 + ¹⁴　　　), S₂ + V₂(시제 제한 없음)

· 가정법 미래 구조 ②: If S₁ + V₁(¹⁵　　　 + ¹⁶　　　), S₂ + V₂(¹⁷　　　 + ¹⁸　　　)

06 가정법 도치

· 가정법 문장에서 If가 생략될 수 있으며, 이때 주어와 동사의 자리가 바뀐다.

　* 가정법 과거 도치

　　If I were you, I would study harder. 만약 내가 너라면, 더 열심히 공부할 텐데.

　　→ ¹⁹　　　 you, I would study harder.

　* 가정법 과거완료 도치

　　If I had seen him, I would have invited him to the party.
　　만약 내가 그를 보았더라면, 나는 그를 파티에 초대했을 텐데.

　　→ ²⁰　　　 him, I would have invited him to the party.

　* 가정법 미래 도치

　　If you should have any questions, please call me. 만에 하나 당신이 질문이 있다면, 제게 전화주세요.

　　→ ²¹　　　 any questions, please call me.

Answer　1 과거　2 조동사 과거　3 had p.p.　4 과거　5 have p.p.　6 과거　7 현재　8 had p.p.　9 과거　10 동사원형　11 now　12 these days　13 should　14 동사원형　15 were to　16 동사원형　17 조동사 과거　18 동사원형
　　　　19 Were I　20 Had I seen　21 Should you have

07 기타 가정법

· '~이 없다면/~이 없었다면' 가정법

> * ~이 없다면(가정법 과거: 현재 반대 가정)
>
>   If ²² [____] for A = ²³ [____] it not for A = ²⁴ [____] for A = ²⁵ [____] A = If not for A
>
> * ~이 없었더라면(가정법 과거 완료: 과거 반대 가정)
>
>   If ²⁶ [____] for A = ²⁷ [____] for A = ²⁸ [____] for A = ²⁹ [____] A = If not for A

· It's (about / high) time 가정법

> * 이제 ~할 / ~해야 할 때이다 (현재 사실 반대)
>
>   It's (about/high) time (that) + 주어 + ³⁰ [____] / ³¹ [____]

· I wish 가정법

> * ~하면 좋을 텐데
>
>   I wish (that) + 주어 + ³² [____]
>
> * ~했다면 좋을 텐데
>
>   I wish (that) + 주어 + ³³ [____]

· As if / As though 가정법(마치 ~처럼)

> * 마치 ~인 것처럼
>
>   주어 + 동사 + as if + 주어 + ³⁴ [____]
>
> * 마치 ~였던 것처럼
>
>   주어 + 동사 + as if + 주어 + ³⁵ [____]

Answer **22** it were not **23** Were **24** But[Except] **25** Without **26** it had not been **27** Had it not been **28** But[Except] **29** Without **30** 과거 동사 **31** should + 동사원형 **32** 과거 동사 **33** had p.p. **34** 과거 동사
35 had p.p.

Chapter 08 to 부정사

01 to 부정사의 성질과 역할

· to 부정사는 명사, 형용사, 부사의 세 가지 역할을 할 수 있다.

· to 부정사가 명사 역할을 할 때는 '[1]   '으로 해석한다.

· to 부정사가 형용사 역할을 할 때는 '[2]   '로 해석한다.

· to 부정사가 부사 역할을 할 때 [3]   , [4]   , [5]   의 세 가지 의미로 해석할 수 있다.

· '콤마 + [6]   + to 부정사': 그러나 그 결과 오직 to 부정사밖에 못 했다

· '콤마 + [7]   + to 부정사': 그러나 그 결과 결코 to 부정사하지 못 했다

· be to 용법: [8]   , [9]   , 의무, [10]   , 가능, 소망

02 to 부정사의 형태와 의미상의 주어

· to 부정사의 형태

```
* 기본형: to + 동사원형
* 수동형: to + [11]        
* 완료형: to + [12]        (① 본동사 시제보다 더 이전을 나타내는 의미 ② 완료의 의미)
* 완료 수동형: to + have been p.p.
* 진행형: to + be -ing
```

· to 부정사의 의미상의 주어: 문장의 주어와 to 부정사의 행위 주체가 달라서 to 부정사의 의미상 주어가 필요한 경우, '[13]   + 명사/대명사의 목적격'을 to 앞에 쓴다.

03 to 부정사를 취하는 동사·명사·형용사 / to 부정사 관용 표현

· to 부정사를 주격 보어로 취하는 2형식 동사

| [14]   to 아직 ~해야 한다 | [15]   to ~인 것 같다 | [16]a   to ~인 것처럼 보이다 |

· to 부정사를 목적어로 취하는 3형식 동사

~가 -하기를 원하다	[17]w to wish to	[18]n to hope to	[19]e to desire to
~하기를 계획·시도·결정하다	plan to [20]a to mean to	aim to intend to [22]d to	prepare to [21]c to elect to
~하기를 제안·약속·거절하다	[23]o to agree to	ask to [24]r to	promise to
기타	[25]m to (간신히) ~해내다 [27]p to ~한 체하다		[26]f to ~하지 못하다 [28]a to ~할 수 있다

· to 부정사를 목적격 보어로 취하는 5형식 동사

~가 -하기를 원하다	want 목 to invite 목 to	need 목 to require 목 to	expect 목 to
~가 -하게 부추기다	[29]ca 목 to encourage 목 to	[30]p 목 to ask 목 to	[31]co 목 to
~가 -하게 강요하다	[32]f 목 to tell 목 to	[33]c 목 to pressure 목 to	get 목 to
~가 -하게 허락하다	[34]a 목 to [36]f 목 to ~을 금하다	permit 목 to	[35]e 목 to
~가 -하라고 알려주다	[37]r 목 to	advise 목 to	warn 목 to

· to 부정사를 취하는 명사

__38__ to ~할 능력	chance to ~할 기회	__39__ to ~할 기회	time to ~할 시간
__40__ to ~할 권리	plan to ~하려는 계획	wish to ~하려는 바람	__41__ to ~할 방법
__42__ to ~하려는 노력	decision to ~하려는 결정		

· to 부정사를 취하는 형용사

be __43__ to ~할 수 있다	be __44__ to 몹시 ~하고 싶다	be __45__ to ~해서 기쁘다
be __46__ to ~하기 어렵다	be __47__ to ~할 것 같다	be ready to ~할 준비가 되다
be __48__ to 기꺼이 ~하다	be __49__ to 막 ~하려 하다	

· to 부정사 관용표현

__50__ ~ to 너무 ~해서 -할 수 없다(부정)	__51__ ~ __52__ to 매우 ~해서 -할 수 있다(긍정)
__53__ to ~하기에 충분히 -하다	be __54__ /projected to ~하기로 되어 있다
be __55__ to ~하는 경향이 있다	

Chapter 09 동명사

01 동명사의 성질과 역할

· 동명사는 '동사'와 '¹   '가 결합된 말로, '~하는 것'이라는 의미를 가지며 ²   역할을 한다.

· 타동사가 동명사가 될 경우 반드시 ³   를 취하며 동명사의 수식은 ⁴   로 한다.

02 동명사의 형태와 의미상 주어

· 동명사의 형태: 기본형(동사원형 + ing), 부정형(⁵   + 동사원형 + ing), 수동형(⁶   + p.p.), 완료형(⁷   + p.p.)

· 동명사의 의미상의 주어: 문장의 주어와 동명사의 행위 주체가 달라 동명사의 의미상 주어가 필요한 경우, '명사의 ⁸   ', '⁹   대명사', 또는 '목적격 대명사'를 동명사 앞에 쓴다.

03 동명사를 목적어로 취하는 동사

· 동명사만을 목적어로 취하는 동사

제안·고려	suggest -ing 제안하다 recommend -ing 추천하다 ¹⁰ -ing 고려하다
중지·연기	stop -ing 그만두다 discontinue -ing 중지하다 finish -ing 끝내다 quit -ing 그만두다 give up -ing 포기하다 ¹¹ -ing 포기하다 delay -ing 연기하다 ¹² -ing 연기하다
부정적 의미	dislike -ing 싫어하다 deny -ing 부인하다 ¹³ -ing 꺼리다 avoid -ing 피하다 ¹⁴ -ing 반대하다
기타	enjoy -ing 즐기다 ¹⁵ -ing 상상하다 fancy -ing 상상하다 ¹⁶ -ing 허락하다 keep -ing 계속하다 risk -ing 감행하다 admit -ing 인정하다 practice -ing 연습하다 stand -ing 참다 regret -ing 후회하다

· 동명사와 to 부정사를 모두 목적어로 취하되, 각각 의미가 달라지는 동사

* ¹⁷   : ~한 것을 기억하다(동명사)/~할 것을 기억하다(to 부정사)
* ¹⁸   : ~한 것을 잊다(동명사)/~할 것을 잊다(to 부정사)
* ¹⁹   : ~한 것을 후회하다(²⁰   )/~하게 되어 유감스럽다(²¹   )
* ²²   : (시험 삼아) ~해보다(²³   )/~하려고 노력하다(²⁴   )

04 동명사 관련 표현

· 동사(구) + 전치사 to + -ing

contribute to -ing -에 공헌하다 ²⁵ to -ing -을 고대하다 ²⁶ to -ing -에 반대하다	
lead to -ing -의 원인이 되다 ²⁷ (to) -ing -을 인정하다 confess to -ing -을 고백하다	
adjust to -ing -에 적응하다 belong to -ing -에 속하다 be ²⁸ to -ing -에 반대하다	
be [²⁹ /dedicated/³⁰] to -ing -에 헌신하다 be ³¹ to -ing -에 중독되다	
be ³² to -ing -의 탓이다 be tied to -ing -과 관련되다 be exposed to -ing -에 노출되다	
be [³³ /accustomed] to -ing -에 익숙하다	

· 동명사구 관용 표현

go -ing -하러 가다 ³⁴ -ing 결국 -하다 be busy -ing -하느라 바쁘다	
keep (on) -ing 계속 -하다 on[upon] -ing -하자마자/-할 때	
cannot ³⁵ -ing -하지 않을 수 없다 be ³⁶ -ing -할 가치가 있다	
feel like -ing -하고 싶다 It's no ³⁷ [good] -ing -해도 소용없다	
have difficulty[trouble/a problem] (in) -ing -하는 데 어려움을 겪다	
³⁸ + 시간/돈 + (in) -ing -하는 데 시간/돈을 쓰다	

Answer   1 명사   2 명사   3 목적어   4 부사   5 not   6 being   7 having   8 소유격   9 소유격   10 consider   11 abandon   12 postpone   13 mind   14 resist   15 imagine   16 allow   17 remember   18 forget   19 regret   20 동명사   21 to 부정사   22 try   23 동명사   24 to 부정사   25 look forward   26 object   27 admit   28 opposed   29/30 devoted, committed   31 addicted   32 attributed   33 used   34 end up   35 help   36 worth   37 use   38 spend

Chapter 10 분사

01 분사구문

· 분사구문의 생성

step 1: ¹ 를 제거한다.
step 2: '주절의 주어 = 부사절 주어'일 경우 ² 를 제거한다.
step 3: 부사절 동사의 동사원형에 ³ 를 붙인다

· 의미상 주어가 생략되지 않는 분사구문(주절의 주어 ≠ 부사절 주어): 주절의 주어 ≠ 부사절 주어일 경우, 분사구문을 만드는 과정에서 ⁴ 를 제거하지 않고 그대로 둔다.
· 분사구문의 해석: 분사구문을 해석할 때는 삭제된 부사절 접속사와 주어의 의미를 더해주어 명확하게 해석한다.
· 분사구문에서 ⁵ 의 생략: 분사구문에서 ⁶ 이 올 경우, 생략할 수 있다.
· 분사구문에서의 having p.p.: 주절의 동사보다 ⁷ 시점에 일어난 일을 나타낼 때 분사구문에서는 having p.p.를 사용한다.
· with 분사구문: with + 목적어 + 목적격보어

* 목적어와 목적격 보어 관계가 능동일 때: with + 목적어 + ⁸ (~하면서)
* 목적어와 목적격 보어 관계가 수동일 때: with + 목적어 + ⁹ (~된 채)

02 분사

· 분사의 수식 기능: 분사는 ¹⁰ 의 앞뒤에 위치하여 ¹¹ 를 수식한다.
· 분사의 형식 기능: 분사는 문장의 ¹² 자리와 ¹³ 자리에 올 수 있다.

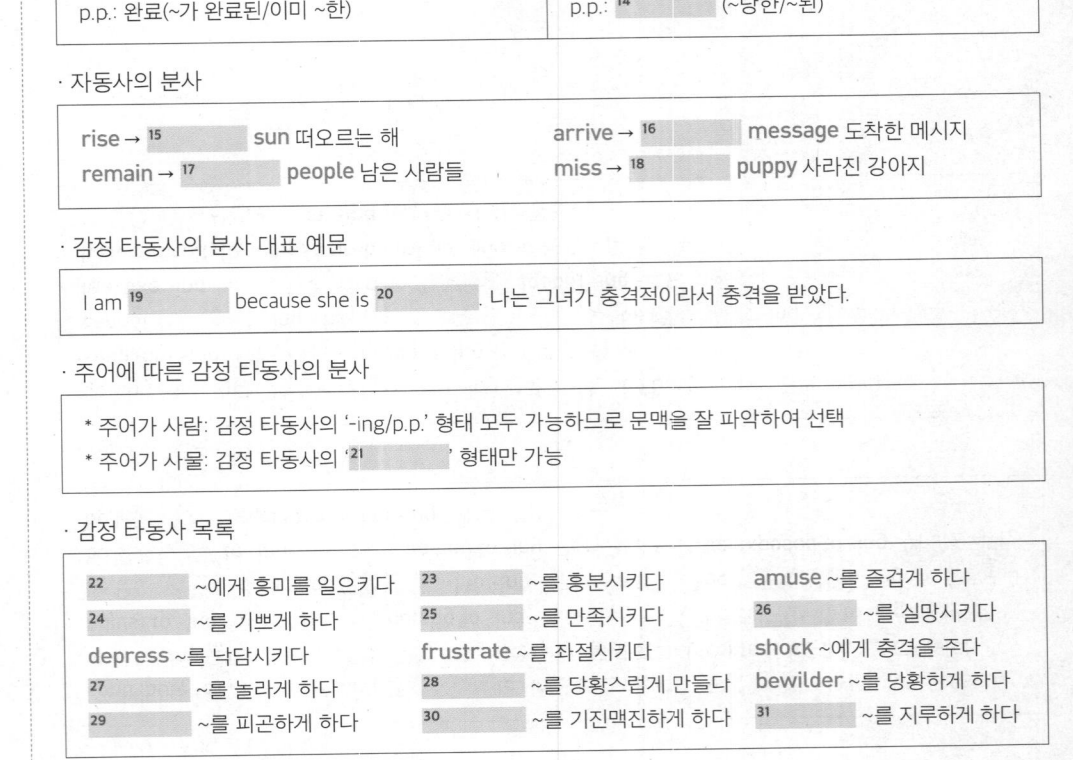

· 분사의 형태와 의미

* 자동사	* 타동사
ing: 진행(~하고 있는 중인)	ing: 능동(~시키는/~하는)
p.p.: 완료(~가 완료된/이미 ~한)	p.p.: ¹⁴ (~당한/~된)

· 자동사의 분사

rise → ¹⁵ sun 떠오르는 해	arrive → ¹⁶ message 도착한 메시지
remain → ¹⁷ people 남은 사람들	miss → ¹⁸ puppy 사라진 강아지

· 감정 타동사의 분사 대표 예문

I am ¹⁹ because she is ²⁰. 나는 그녀가 충격적이라서 충격을 받았다.

· 주어에 따른 감정 타동사의 분사

* 주어가 사람: 감정 타동사의 '-ing/p.p.' 형태 모두 가능하므로 문맥을 잘 파악하여 선택
* 주어가 사물: 감정 타동사의 '²¹' 형태만 가능

· 감정 타동사 목록

²² ~에게 흥미를 일으키다	²³ ~를 흥분시키다	amuse ~를 즐겁게 하다
²⁴ ~를 기쁘게 하다	²⁵ ~를 만족시키다	²⁶ ~를 실망시키다
depress ~를 낙담시키다	frustrate ~를 좌절시키다	shock ~에게 충격을 주다
²⁷ ~를 놀라게 하다	²⁸ ~를 당황스럽게 만들다	bewilder ~를 당황하게 하다
²⁹ ~를 피곤하게 하다	³⁰ ~를 기진맥진하게 하다	³¹ ~를 지루하게 하다

Answer 1 부사절 접속사 2 부사절 주어 3 ing 4 부사절 주어 5 being 6 being 7 이전 8 동사원형 + ing 9 p.p. 10 명사 11 명사 12/13 주격 보어, 목적격 보어 14 수동 15 rising 16 arriving 17 remaining 18 missing 19 shocked 20 shocking 21 -ing 22 interest 23 excite 24 please 25 satisfy 26 disappoint 27 surprise 28 embarrass 29 tire 30 exhaust 31 bore

Chapter 11 명사와 관사

01 명사 자리

· 명사는 6개 자리에 올 수 있다.

① 주어	④ 주보(주격 보어)
② 타목(타동사의 목적어)	⑤ 목보(목적격 보어)
③ 전목(전치사의 목적어)	⑥ [1]_____

02 명사를 수식하는 것

· 전치 수식(명사를 앞에서 수식하는 것)

① [2]관_____	④ [5]지_____
② [3]소_____	⑤ [6]부_____
③ [4]수_____	

· 후치 수식(명사를 뒤에서 수식하는 것)

① 전명구(전치사+명사구)	④ [7]_____
② to 부정사	⑤ [8]_____
③ 관계사절	

03 명사의 종류와 쓰임

· 명사의 종류

* [9]_____ 명사: 단수 및 복수 형태로 사용 가능
* [10]_____ 명사: [11]_____ 형태로만 사용 가능

· 명사의 쓰임: [12]_____는 문장에서 독립적으로 사용될 수 없다. 항상 한정사와 함께 쓰이거나 복수형 '-(e)s'와 함께 쓰여야 한다. 반면에, [13]_____ 명사는 문장에서 독립적으로 사용할 수 있으며, 한정사와 함께 쓰일 수도 있지만, 수를 나타내는 한정사(부정관사 a(n), 수사 one, two, three…)와는 함께 쓰일 수 없다.

04 가산 명사 vs. 불가산 명사

· 가산/불가산 명사로 모두 쓰이나 각 의미가 다른 명사

가산 명사	a light [14]_____	a room [16]_____	a work [18]_____	times 시대
불가산 명사	light [15]_____	room [17]_____	work [19]_____	time 시기, 시간

· 빈출 가산 명사

a price 가격	a workplace 일터, 직장	a result/outcome 결과	a disaster 재해	a noise 소음
an excuse 변명	[20]_____ 수단, 대책	[21]_____ 소지품		

· 빈출 불가산 명사

homework 숙제	certification 자격	information 정보	evidence 증거 [22]_____ 명
furniture 가구	clothing 의류	news 뉴스, 소식	advice 조언
[23]_____ / [24]_____ 수하물, 짐		equipment 장비	
-ry -류(machinery 기계류 / jewelry 보석 / stationery 문구류)			

05 부정관사

· 부정관사의 쓰임: 부정관사는 [25]_____ 명사 앞에만 오며, 복수 명사나 [26]_____ 명사 앞에는 올 수 없다.

Answer 1 동격 2 관사 3 소유격 4 수사 5 지시형용사 6 부정형용사 7/8 분사, 형용사구 9 가산 10 불가산 11 독립적 12 가산 명사 13 불가산 14 조명 15 빛 16 방 17 공간 18 작품 19 일 20 measures
21 belongings 22 학문/과목 23/24 baggage, luggage 25 단수 가산 26 불가산

· 부정관사 관련 숙어 표현

a ²⁷s_____ of 다양한, 일련의	a ²⁸r_____ of 다양한	a ²⁹v_____ of 다양한
a part of 일부분의	a portion of 일부의	a bit of 약간의

06 정관사

· 정관사의 쓰임: 정관사는 가산 단수, 가산 복수, 불가산 명사 앞에 모두 올 수 있다.

· 정관사와 함께 쓰이는 표현

the + 최상급 + 명사 가장 ~한
the + ³⁰_____ + 명사 ~번째
the + ³¹_____/only/very + 명사 같은/유일한/바로 그
the + top/middle/bottom + 명사 꼭대기/중간/바닥
by the + 단위/수량 표현 ~당/~만큼
the + 유일한 것
전치사 + the + 신체 ex) He caught me by ³²_____ arm.

Chapter 12 대명사

01 대명사의 개념

· 대명사는 ¹   를 대신하는 단어이다. 따라서 반드시 그 대명사 앞에 ²   가 있어야 하며, 대명사는 대신 받는 ³   와의 관계(단수-단수, 복수-복수, 남성-남성 등)를 일치시켜 주어야 한다.

· 대명사의 종류에는 ⁴   대명사, ⁵   대명사, ⁶   대명사, ⁷   대명사가 있다.

02 인칭대명사/재귀대명사

· 인칭대명사의 개념: 사람이나 사물을 가리키는(지칭하는) 대명사로 ⁸   / ⁹   / ¹⁰   / ¹¹   대명사가 있다. (I, you, she, he, it, they 등)

· 재귀대명사의 개념: 인칭대명사에 self(selves)를 붙여 '¹²   '을 뜻하는 대명사(myself, herself, himself 등)

· 인칭대명사/재귀대명사의 종류 및 자리

* 주격: 주어 자리
* 소유격: ¹³   앞 자리
* 목적격: 타동사의 목적어 자리, ¹⁴   의 목적어 자리
* 소유대명사: 주어, ¹⁵   , ¹⁶   자리
* 재귀대명사: 타동사의 목적어 자리, ¹⁷   의 목적격 자리

· 소유대명사: '소유대명사 = ¹⁸   + 원명사'로, 대명사로서 문장의 주어, 목적어, 보어 자리에 올 수 있다.

· 재귀대명사: 재귀대명사는 두 가지 용법으로 쓰일 수 있다.

* 재귀적 용법: ¹⁹   자리/타동사 및 전치사의 목적어가 주체와 동일한 경우 사용
* 강조 용법: ²⁰   자리/'²¹   '라는 뜻

· 재귀대명사의 관용 표현

²²   oneself 스스로(혼자서)   for oneself 자기를 위하여   in spite of oneself 자기도 모르게
beside oneself 이성을 잃고(흥분하여)   ²³   itself 저절로
²⁴   itself 그 자체로(본질적으로)

03 지시대명사

· 지시대명사 that vs. those (+ 전치사구/관계절/분사): 지시대명사 that과 those는 that/those가 대신하는 원명사와 수를 일치시킨다. 이때 지시대명사 that과 those는 단독으로 올 수 없으며, 뒤에 전치사구, 관계절, 분사와 같은 수식어가 따라온다.

· 지시대명사의 원명사가 복수이면 ²⁵   를 사용하고, 원명사가 단수이면 ²⁶   을 사용한다.

· 지시대명사 ²⁷   는 '~하는 사람들'이라는 의미로 반드시 뒤에서 수식어(전치사구, 관계절, 분사)의 꾸밈을 받으며, 비슷한 표현으로는 people/anyone/anybody가 있다.

04 부정대명사

· one vs. another vs. others vs. some vs. the other vs. the others vs. other

어떤 하나: ²⁸
몇몇: ²⁹
또 다른 하나: ³⁰
다른 몇몇: ³¹
나머지 하나: ³²
나머지 전부: ³³
다른 ~ (형용사): ³⁴

Answer 1 명사 2 원명사 3 원명사 4/5/6/7 인칭, 재귀, 지시, 부정 8/9/10/11 주격, 소유격, 목적격, 소유 12 ~ 자신 13 명사 14 전치사 15/16 목적어, 보어 17 전치사 18 소유격 19 목적어 20 부사 21 스스로 22 by 23 by 24 in 25 those 26 that 27 those 28 one 29 some 30 another 31 others 32 the other 33 the others 34 other

해커스공무원학원·공무원인강 gosi.Hackers.com **129**

· some · any

* some: <u>35</u> 문에서 사용 / 몇몇(의), 약간(의)
* any: <u>36</u> 문, <u>37</u> 문, 조건문, 긍정문에서 사용 / 조금(의), 어떤 ~라도(긍정문에서 사용 시)

· all · every · each

* all(모든)	* every(모든) .	* each(각각(의))
all (of) + 복수 N + 복수 V	every + 단수 N + 단수 V	each of + 복수 N + <u>39</u> V
all (of) + <u>38</u> N + 단수 V	every + -thing/-body/-one + 단수 V	each + 단수 N + 단수 V

· both · either · neither

* both(모든)	* either(둘 중 어느 것이든/누구든)	* neither(둘 중 어느 것도/누구도)
both (of) + 복수 N + 복수 V	either of + 복수 N + <u>40</u> V	neither of + 복수 N + <u>41</u> V
	either + 단수 N + 단수 V	neither + 단수 N + 단수 V

Chapter 13 형용사와 부사

01 형용사와 부사의 자리

* 형용사 자리	* 부사 자리
① (관사 +) (부사 +) 형용사 + 명사	① '동사 + 목적어'의 앞이나 뒤
② 형용사 + 복합명사	② '조동사 + -ing/p.p.' 사이나 그 뒤
③ 명사 + 형용사(*형용사가 [1]▨▨▨▨ 로 끝나는 경우)	③ (동사 이외의 것을 수식할 때) 수식 받는 것 앞

· of + 추상명사 = [2]▨▨▨▨ ex) of importance = [3]▨▨▨▨

02 수량 관련 형용사

· 수 형용사: 수를 나타내는 형용사로 '[4]▨▨▨ 명사'와 함께 쓰인다.

· 단수 형용사: 하나의 수를 나타내는 형용사로 '[5]▨▨▨▨ 명사'와 함께 쓰인다.

one 하나의	a/an 하나의	every 모든	a single 하나의
another 또 다른	each 각각의	either 어느 한쪽의	neither 어느 ~도 - 않다

· 복수 형용사: 하나보다 많은 수를 나타내는 형용사로 '[6]▨▨▨▨ 명사'와 함께 쓰인다.

many/multiple/numerous/various/several
a number of/a range of/a variety of/a diversity of/a series of
a selection of/a couple of
a few/few

· 양 형용사: 양을 나타내는 형용사로 '[7]▨▨▨▨ 명사'와 함께 쓰인다.

[8]m▨▨▨ (양이) 많은   a [9]▨▨▨/[10]▨▨▨ (양이) 약간 있는/거의 없는
a (great) deal of (양이) 많은   a (large) [11]▨▨▨ of (양이) 많은

· 수 + 양 형용사: 수 + 양 형용사는 표현 그대로 '수'와 '양'을 모두 나타낼 수 있는 형용사로 '가산 복수 명사' 및 '불가산 명사'와 모두 함께 쓰일 수 있다. ex) all, most, some, more, a lot of(= lots of), plenty of

· 수량 표현 + of(~들 중의) + the + 명사: of 뒤의 명사에 동사의 수를 맞춘다.

all/none/most/some/half/the rest	
분수/portion/percent/any	+ of 명사
a lot/lots/part/the bulk	

· 수사 + 하이픈(-) + 단위표현 = 형용사

· 형용사 역할을 하는 '수사 + 하이픈(-) + 단위표현'에서 '단위표현'은 항상 '단수'로 사용한다.

수사 + 하이픈(-) + [12]▨▨▨ ~층의 meter ~미터의 minute ~분의 kilogram ~킬로그램의	
[13]▨▨▨ ~세의	

ex) I am a [14]▨▨▨ woman. 나는 스무 살인 여자이다.

03 부사

· 형태가 유사해서 혼동을 주는 형용사와 부사

late: (형) 늦은 - (부) 늦게 / lately: (부) [15]▨▨▨
hard: (형) 힘든, 단단한 - (부) [16]▨▨▨ / hardly: (부) [17]▨▨▨
near: (형) [18]▨▨▨ - (부) [19]▨▨▨ / nearly: (부) [20]▨▨▨
high: (형) 높은 - (부) 높게 / highly: (부) [21]▨▨▨
most:(형) 대부분의, 가장 많은 - (부) 가장 많이 / mostly: (부) [22]▨▨▨ / almost: (부) [23]▨▨▨

· 부정 부사: 부정부사 [24]h▨▨▨, [25]b▨▨▨, rarely, scarcely, seldom은 [26]▨▨▨ 와 함께 사용할 수 없다.

Answer   1 -able/-ible   2 형용사   3 important   4 가산   5 단수 가산   6 복수 가산   7 불가산   8 much   9 little   10 little   11 amount   12 story   13 year-old   14 20-year-old   15 최근에   16 열심히   17 거의 ~ 않는   18 가까운   19 가까이에   20 거의   21 매우   22 대부분/주로   23 거의   24 hardly   25 barely   26 부정어

· such vs. so

* such(그러한, 정말 ~한)	* so(너무)
품사: [27]_____	품사: [31]_____
어순: such + [28]_____ + [29]_____ + [30]_____	어순: so + [32]_____ + [33]_____ + [34]_____

· either vs. neither vs. nor

* either(~도 역시)	* neither(~도 역시 아닌).	* nor(~도 역시 아니다).
품사: [35]_____ / 위치: 문미	품사: [36]_____ / 위치: 문미, 문두	품사: [37]_____

Chapter 14 전치사

01 시간을 나타내는 전치사

> **1** ▢▢▢ : 월, 연도, 시간(~후에) / 계절, 세기 / 오전, 오후, 저녁
> **at**: 시각, 시점 / 정오, 밤, 새벽
> **2** ▢▢▢ : 날짜, 요일, 특정일

02 장소를 나타내는 전치사

> **3** ▢▢▢ : (상대적 큰 공간) 내의 장소
> **at**: 지점·번지
> **4** ▢▢▢ : 표면 위·일직선상의 지점

03 전치사 숙어 표현

in	in **5** ▢▢▢ 제때에 in **6** ▢▢▢ 제자리에 in reality 실제로는 in one's opinion ~의 의견으로는 in **7** ▢▢▢ 사전에 in order 정돈되어 in **8** ▢▢▢ 효력을 발휘하여
at	at the **9** ▢▢▢ 늦어도 at the rate of ~의 비율로 at a 형 **10** ▢▢▢ ~한 속도로 at **11** ▢▢▢ 즉시 at **12** ▢▢▢ 때때로 at least 적어도 at a 형 speed ~한 속도로 at the age of ~의 나이로 at one's convenience ~가 편한 때에 at a 형 price ~한 가격으로 at a charge of ~의 비용 부담으로 at one's **13** ▢▢▢ ~의 희생의 대가로
on	on **14** ▢▢▢ 정시에 on the list of ~의 목록에 on a regular **15** ▢▢▢ 정기적으로, 규칙적으로

04 시점을 나타내는 전치사

> **16** ▢▢▢ ~ 이래로   from ~부터   before / **17** ▢▢▢ ~ 전에
> **18** ▢▢▢ (연속성) / **19** ▢▢▢ (일회성) ~까지   after / **20** ▢▢▢ ~ 후에

05 기간을 나타내는 전치사

> **21** ▢▢▢ + 숫자를 포함한 시간 표현 / **22** ▢▢▢ + 일반 명사 ~ 동안
> over / **23** ▢▢▢ ~ 동안, ~ 내내   within ~ 이내에

06 위치를 나타내는 전치사

> **24** ▢▢▢ / over ~ 위에   around ~ 주위에   **25** ▢▢▢ / under(neath) ~ 아래에   near ~ 근처에
> beside / next to ~ 옆에   **26** ▢▢▢ ~ 이내에
> **27** ▢▢▢ (둘 사이) / **28** ▢▢▢ (셋 이상의 사이) ~ 사이에

07 방향을 나타내는 전치사

· 방향을 나타내는 전치사

> **29** ▢▢▢ ~로부터   to ~에게, ~으로   for ~을 향해   toward ~ 쪽으로   **30** ▢▢▢ ~을 가로질러
> **31** ▢▢▢ ~을 따라   up ~ 위로   down ~ 아래로   into ~ 안으로   out of ~ 밖으로

· 방향을 나타내는 전치사 관용 표현

> across the world = all over the world = around the world 전 세계적으로
> under discussion 토론 중인   under **32** ▢▢▢ 통제 하에 있는
> under **33** ▢▢▢ 고려 중인   under pressure 압력을 받고 있는
> under **34** ▢▢▢ 진행 중인   under the name of ~의 이름으로

Answer   **1** in   **2** on   **3** in   **4** on   **5** time   **6** place   **7** advance   **8** effect   **9** latest   **10** pace   **11** once   **12** times   **13** expense   **14** time   **15** basis   **16** since   **17** prior to   **18** until   **19** by   **20** following   **21** for   **22** during   **23** throughout   **24** above   **25** below   **26** within   **27** between   **28** among   **29** from   **30** across   **31** along   **32** control   **33** consideration   **34** way

08 이유/양보/목적을 나타내는 전치사

because of / ³⁵ to / ³⁶ to ~ 때문에	
³⁷ / in ³⁸ of ~에도 불구하고	
for ~을 위해	

09 '~에 관하여'라는 의미의 전치사

about / over / of / on	as to / as for	regarding / ³⁹c
with / in ⁴⁰r to	with / in reference to	with / in regard to

10 기타 전치사

except (for) ~을 제외하고	⁴¹ ~처럼
by ~에 의해 / ~을 타고 / ~만큼	⁴² ~와 달리
⁴³ ~을 통해 / ~을 통과하여	against ~에 반대하여
⁴⁴ ~을 가지고 / ~와 함께	beyond ~을 넘어
⁴⁵ ~ 없이, ~ 없는	for ~에 비해서

11 기타 전치사 숙어 표현

by	by telephone / fax / mail 전화/팩스/우편으로	by land 육로로
	by cash / check / credit card 현금/수표/신용카드로	by law 법에 의해
through	through the use of ~의 사용을 통해서	through ⁴⁶ 협력을 통해
with	with no doubt 의심할 바 없이	with the aim of ~을 목적으로
	with no ⁴⁷ 예외 없이	with emphasis 강조하여
	⁴⁸ with ~을 필요 없이 하다	⁴⁹ with ~와 일치하는
without	without regularity 규칙 없이	without approval 승인 없이
against	act against one's will ~의 의지에 반하여 행동하다	against the law 불법인, 법에 저촉되는
beyond	beyond repair 수리가 불가능한	beyond one's capacity ~의 능력 밖인
기타	⁵⁰ to ~에 호소하다	⁵¹ to ~와 똑같은
	⁵² to ~에 민감한	add A to B A를 B에 더하다
	renowned for ~으로 유명한	⁵³ of ~로 구성되다
	absent from ~에 결석한	transform A into B A를 B로 변화시키다

Chapter 15 등위접속사와 상관접속사

01 등위접속사

· 등위접속사의 개념: 단어와 단어, 구와 구, 절과 절을 [1]⬚ 연결한다.

· 등위접속사의 종류

[2]⬚ 왜냐하면	and 그리고	nor ~도 역시 - 않다
but 그러나	or 또는	[3]⬚ 그러나 [4]⬚ 그래서

· 등위접속사의 특징

* 3개의 단어나 구, 절은 'A, B, + 등위 접속사 + C' 형태로 연결해야 한다.
* 등위접속사로 연결된 구나 절에서 반복되는 단어는 [5]⬚ 할 수 있다.
* 등위접속사 없이 단어와 단어, 구와 구가 바로 연결될 수 [6]⬚.
* 등위접속사는 문맥에 맞는 것을 선택해야 한다.
* 주어가 and로 연결되면 [7]⬚ 동사를 쓰고, or로 연결되면 [8]⬚에 수를 일치시킨다.

02 상관접속사

· 상관접속사의 종류

both A and B A와 B 둘 다	[10]⬚ A nor B A도 B도 아닌
[9]⬚ A or B A 또는 B 중 하나	not only A but (also) B A뿐만 아니라 B도
not A but B A가 아니라 B	A as [11]⬚ as B B뿐만 아니라 A도

· 상관접속사와 동사의 수 일치

both A and B + [12]⬚ 동사	neither A nor B + [15]⬚에 수 일치하는 동사
either A or B + [13]⬚에 수 일치하는 동사	not only A but (also) B + [16]⬚에 수 일치하는 동사
not A but B + [14]⬚에 수 일치하는 동사	A as well as B + [17]⬚에 수 일치하는 동사

Answer 1 동등하게 2 for 3 yet 4 so 5 생략 6 없다 7 복수 8 마지막 주어 9 either 10 neither 11 well 12 복수 13 B 14 B 15 B 16 B 17 A

Chapter 16 명사절

01 명사절 접속사의 개념

· 명사절 접속사의 종류

---
* that + 완전한 절
* whether/if + [1]_____절
* 의문사 + 완전한/불완전한 절

· 명사절 접속사의 위치: 원론적으로는 [2]_____ 역할을 하기 때문에 명사가 올 수 있는 위치, 즉 '주어/타목/[3]_____/주보/목보/[4]_____'의 자리에 올 수 있어야 한다. 다만, 이 중에서 명사절 접속사가 올 수 없는 자리도 있다.

02 that에 의한 명사절

· 명사절 접속사 that의 위치: 원론적으로 명사와 동일한 위치에 올 수 있지만, [5]_____ 자리와 [6]_____ 자리에는 올 수 없다.

03 whether/if(~인지 아닌지)에 의한 명사절

· 명사절 접속사 whether/if의 위치: 원론적으로 명사와 동일한 위치에 올 수 있지만, whether절은 [7]_____ 자리에는 올 수 없고, if절은 [8]_____와 [9]_____ 자리에만 올 수 있다.

· Whether에 의한 강조 용법: 'whether + [10]_____'의 형태로 사용할 경우 '정말 ~인지 아닌지'라는 의미로 whether절의 의미를 강조시켜 준다.

· Whether + to 부정사(to 부정사인지 아닌지)

I don't know whether I will go to the birthday party.
→ I don't know whether [11]_____ to the birthday party. (Whether + to 부정사 사용)
---

04 that절을 이끌 수 있는 형용사

· that절을 이끄는 형용사의 구조: be + 형용사 + [that + S + V]

· that절을 이끄는 형용사들

be [12]_____ that ~을 알고 있다	be sorry/[13]a_____ that ~해서 유감스러워하다
be [14]s_____ / [15]c_____ that ~을 확신하다	be [16]g_____/happy that ~을 기뻐하다

05 Wh-에 의한 명사절

· 의문사(Wh-) 종류: 의문대명사, 의문부사, 의문형용사

---
* 의문대명사 + [17]_____ 절
  what ~ 것, 무엇   which 어느 것   who/whom/whose 누가/누구를/누구의 것
* 의문부사 + [18]_____ 절
  when 언제   where 어디서   why 왜   how 어떻게, 얼마나
* 의문형용사 + 불완전한 절
  what 무슨   which 어느   whose 누구의
---

06 Wh + to 부정사 구조

· 의문대명사 what/which/whom/whose + to 부정사(불완전한 to 부정사구)

· 의문형용사 what/which/whose + 명사 + to 부정사([19]_____ to 부정사구)

· 의문부사 where/when/how/whether + to 부정사([20]_____ to 부정사구)

Answer 1 완전한 2 명사 3/4 전목, 동격 5/6 전목(전치사의 목적어), 목보(목적격 보어) 7 목보(목적격 보어) 8/9 타목(타동사의 목적어), 주보(주격 보어) 10 or not 11 to go 12 aware 13 afraid 14 sure 15 certain
16 glad 17 불완전한 절 18 완전한 절 19 불완전한 20 완전한

Chapter 17 부사절

01 부사절 접속사의 개념 및 위치

부사절은 문장 내에서 시간, 조건 등을 나타내며 [1]＿＿＿ 역할을 하는 수식어 거품으로, 문장 뒤/문장 앞/문장 중간에 위치한다.

02 부사절 접속사의 종류

· 시간을 나타내는 부사절 접속사

when ~일 때, ~할 때	as ~함에 따라, ~할 때	while ~하는 동안	[2]＿＿＿ ~하자마자
after ~한 후에	before ~하기 전에	[3]＿＿＿ ~할 때까지	[4]＿＿＿ ~한 이래로

· 조건을 나타내는 부사절 접속사

if 만약 ~이라면	[5]＿＿＿ (= if not) 만약 ~이 아니라면	[6]＿＿＿ (that) 오직 ~하는 경우에
as long as ~하는 한	[7]＿＿＿ 일단 ~하자, 일단 ~한 이후에	in case ~한 경우에 대비해서

· 양보를 나타내는 부사절 접속사

* 비록 ~이지만: though/although/[8]＿＿＿ though/[9]＿＿＿ if
* 반면에: whereas/[10]＿＿＿

· 이유(~이기 때문에)를 나타내는 부사절 접속사

[11]b＿＿＿ /as/[12]s＿＿＿ /[13]＿＿＿ (that)

· 기타 부사절 접속사 so that

* 목적의 부사절: 접속사(so that) + S + V(완전한 절) / 해석: ~하기 위해서
* 정도의 부사절: 구문 so + [14]＿＿＿ + that + S +V(완전한 절) / 해석: 너무 ~해서 that절할 정도이다

· 복합관계대명사와 복합관계부사

* 복합관계대명사
  [15]＿＿＿ 무엇이/무엇을 ~하든 상관없이   [16]＿＿＿ 누가/누구를 ~하든 상관없이
  whichever 어느 것이/어느 것을 ~하든 상관없이
* 복합관계부사
  [17]＿＿＿ 언제 ~하든 상관없이   wherever 어디로/어디에서 ~하든 상관없이
  [18]＿＿＿ 어떻게/얼마나 ~하든 상관없이

Answer **1** 부사 **2** as soon as **3** until **4** since **5** unless **6** provided[providing] **7** once **8** even **9** even **10** while **11** because **12** since **13** now **14** 형용사/부사 **15** whatever **16** whoever **17** whenever **18** however

Chapter 18 관계절

01 관계절(= 관계대명사절 = 형용사절)의 개념 및 형성

· 관계절의 개념: 관계절은 문장 내에서 관계절 앞의 ¹ [ ]를 꾸며주는 ² [ ] 역할을 하는 수식어 거품이다. 관계절은 선행사를 꾸밀 때, 꼭 바로 앞의 ³ [ ]를 꾸미는 것이 아니라, 문맥상 관계절의 꾸 밈을 받는 것이 가장 적합한 ⁴ [ ]를 꾸며준다.

· 관계절의 형성: 관계절을 형성하기 위해서는 ① 수식받을 명사를 맨 앞으로 빼고 ② 나머지 부분(명사를 수 식할 부분)을 명사 뒤로 보낸 후, ③ 명사와 수식어 사이에 알맞은 ⁵ [ ]를 삽입한다.

· 관계대명사의 선택

> * 주격 관계대명사 – 사람: who/사물: ⁶ [ ]
> * 목적격 관계대명사 – 사람: ⁷ [ ] /사물: ⁸ [ ]
> * 소유격 관계대명사 – ⁹ [ ]

02 소유격 관계대명사 whose(~의)

· 소유격 관계대명사의 특징: 소유격 관계대명사 앞뒤로는 ¹⁰ [ ]가 와야 한다.

· 소유격 관계대명사의 접근 방식: 소유격 관계대명사(whose)가 있는 문장은 두 가지 구조로 나누어 문장을 해석하는데, whose절을 제외한 주절(주어 + 동사구)을 먼저 해석한 뒤, 'whose 앞 ¹¹ [ ] + whose 절'을 해석한다.

03 관계대명사와 콤마(,)

· 관계대명사와 함께 쓰이는 콤마의 기능: 관계대명사 앞에 콤마가 오면 ¹² [ ] 용법으로 쓰인 것이다.

· Sean keeps a dog which is a six months old. → Sean이 키우는 개의 총 수를 알 수 ¹³ [ ].

· Sean keeps a dog, which is a six months old. → Sean이 키우는 개의 총 수를 알 수 ¹⁴ [ ].

· 관계대명사 that과 콤마와의 관계: 콤마 뒤에 관계대명사 that을 쓸 수 ¹⁵ [ ].

04 관계대명사의 생략

· '¹⁶ [ ] 관계대명사 + ¹⁷ [ ] 동사'는 생략할 수 있다.

· '¹⁸ [ ] 관계대명사'는 생략할 수 있다.

05 전치사 + 관계대명사

· 앞 문장의 명사와 공통되는 명사가 뒤에 오는 문장에서 전치사의 목적어일 때, 이 전치사의 목적어를 ¹⁹ [ ] 관계대명사로 바꾸어 관계절을 만든다. 전치사는 관계대명사 ²⁰ [ ]에 위치할 수도 있고, 관계절의 끝에 위치할 수도 있다.

· '전치사 + 관계대명사' 뒤에는 항상 ²¹ [ ] 절이 온다.

06 수량·부분·전체 표현 + 관계대명사

all / some / half / the rest / 수량 / 분수 one / each / several / many / much / most	+ of +	관계대명사 (²²w [ ] /²³w [ ])

07 관계부사

· 선행사가 시간/장소/이유/방법 중 어떤 것인지에 따라 각각 다른 관계부사가 쓰인다.

시간 선행사 (time, day, week, year 등)	→	관계부사 ²⁴ [ ]
장소 선행사 (place, park, house 등)	→	관계부사 ²⁵ [ ]
이유 선행사 (the reason)	→	관계부사 ²⁶ [ ]
방법 선행사 (the way)	→	관계부사 ²⁷ [ ]

· the reason은 관계부사 why와 같이 쓰일 수 ²⁸ [ ].

· the way는 관계부사 how와 같이 쓰일 수 ²⁹ [ ].

Answer **1** 명사 **2** 형용사 **3/4** 명사[선행사] **5** 관계대명사 **6** which **7** whom **8** which **9** whose **10** 명사 **11** 명사 **12** 계속적 **13** 없다 **14** 있다 **15** 없다 **16** 주격 **17** be **18** 목적격 **19** 목적격 **20** 앞 **21** 완전한 **22/23** which, whom **24** when **25** where **26** why **27** how **28** 있다 **29** 없다

Chapter 19 어순

01 의문문의 어순

· (기본) 의문문의 어순: be동사/조동사/do 동사 + ¹[   ] + ²[   ]

· 간접 의문문의 어순

> * 다른 문장 안에 포함된 의문문으로 '³[   ] + ⁴[   ] + 동사' 순으로 온다.
> * 의문문의 본동사가 '생각하다'류의 동사에 속하면서, 뒤의 목적어 자리에 간접 의문문이 올 때는 간접 의문문의 의문사를 ⁵[   ]로 가지고 온다.
> * '생각하다'류의 동사들: ⁶t[   ], believe, imagine, ⁷s[   ], suggest, say

· 부가 의문문의 어순

> * 용도: 상대방에게 동의를 구하거나 자신의 말이 맞는지 물을 때 사용
> * 해석: ⁸[   ]?
> * 구조: 동사(be동사/조동사/do·does·did) + ⁹[   ]?
>   (앞 문장이 긍정문이면 부가 의문문은 ¹⁰[   ] 구조이다.)

02 감탄문

· 감탄문의 종류

> * how 감탄문: How + ¹¹[   ] + 주어 + 동사
> * what 감탄문: What + (a/an +) ¹²[   ] + ¹³[   ] + 주어 + 동사

· 감탄문의 특징

> * how 감탄문과 what 감탄문의 '주어 + 동사'는 ¹⁴[   ]할 수 있다.
> * 감탄문에서도 that절이나 to 부정사 같은 긴 주어가 쓰이면 ¹⁵[   ]을 사용할 수 있다.

03 명사를 수식하는 여러 요소들의 어순

· 명사 앞에 명사를 수식하는 형용사가 여러 개 올 경우의 어순 :
  순서 → ¹⁶[   ] → 판단/태도 → 크기/길이/형태 → 색깔/원료 + 명사

04 혼동하기 쉬운 어순

· enough의 어순

> * enough + ¹⁷[   ]
> * ¹⁸[   ] + enough
> * ¹⁹[   ] + enough + 명사

· such vs. so

* such	* so
해석: 그러한 / 아주 ~한	해석: 아주
품사: ²⁰[ ]	품사: ²⁴[ ]
어순: such + ²¹[ ] + ²²[ ] + ²³[ ]	어순: so + ²⁵[ ] + ²⁶[ ] + ²⁷[ ]

· 구동사의 어순: '동사 + 부사'로 이루어진 구동사의 경우, 목적어가 대명사이면 '동사 + ²⁸[   ] + ²⁹[   ]' 순으로 와야 한다.

· '동사 + 부사'로 이루어진 구동사 목록

³⁰[ ] 입다	push on 서두르다	³¹[ ] 연기하다	put forward 요구하다
catch on 이해하다	give in 굴복하다	catch up 따라잡다	bring ³²[ ] 야기하다

Chapter 20 비교 구문

01 원급 비교: as _____ as 구문(~만큼 -한)

· 원급 비교의 형태: as [1]_____/[2]_____의 원급 as
· 형용사의 원급 vs. 부사의 원급: as ~ as 사이에 형용사/부사 중 어느 것이 와야 하는지 알기 위해서는
  as ~ as 구문을 하나의 덩어리로 보고, 이 전체 덩어리가 문장에서 어느 자리에 위치하는지를 파악해야 한다.
· '~만큼 많은/적은 -'을 나타내는 원급 표현: 'as + many/much/few/little + 명사 + as'
· 퍼센트/분수/배수사 + as + 원급 + as: ~배만큼 -하다
· 원급 비교 관용 표현

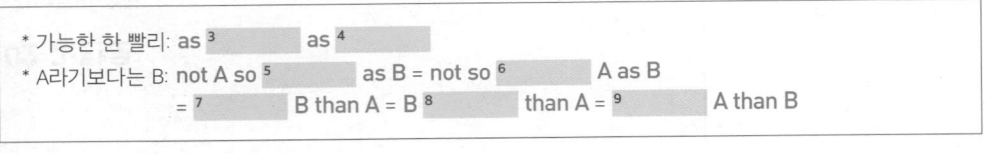

* 가능한 한 빨리: as [3]_____ as [4]_____
* A라기보다는 B: not A so [5]_____ as B = not so [6]_____ A as B
  = [7]_____ B than A = B [8]_____ than A = [9]_____ A than B

02 비교급 비교: 형용사/부사의 비교급 + than

· 비교급의 형태

* 형용사/부사가 1-2음절 단어인 경우: 형용사/부사 원급 + [10]_____
* 형용사/부사가 2-3음절 이상인 경우: [11]_____/less + 형용사/부사 원급

· 비교급 형태의 예외: 비교급은 원칙적으로 the와 함께 쓰일 수 없지만, 예외적으로 the와 함께 쓰이는 것
  들이 있다.

* the + 비교급, the + [12]_____: 더 [13]_____ 더 ~하다
* the + 비교급 + of the [14]_____/of A [15]_____ B: 둘 중에서/A와 B 중에서 더 ~하다

· 비교급 강조 부사: [16]e_____, [17]m_____, [18]s_____, [19]f_____, a lot, [20]b_____

· than 대신 to를 쓰는 비교 표현

| [21]_____ to ~보다 뛰어난 | [22]_____ to ~보다 열등한 | senior to ~보다 더 나이 든 |
| junior to ~보다 더 어린 | prior to ~보다 이전에 | [23]_____ A to B B보다 A를 선호하다 |

· 최상급의 의미를 만드는 비교급 관용 표현

* 비교급 + than any other [24]_____ 명사 = 비교급 + than all the other + [25]_____ 명사
* No other [26]_____ 명사/Nobody/Nothing ~ 비교급 + than A (다른 어떤 -도 A보다 더 ~하지 않다)
  = No other [27]_____ 명사/Nobody/Nothing ~ so/as + 원급 + as A (다른 어떤 -도 A만큼 ~하지 않다)

03 최상급 비교

· 최상급의 형태

* 형용사/부사가 1-2음절 단어인 경우: the + 원급 + [28]_____ + of ~/in ~/among ~
* 형용사/부사가 2-3음절 이상인 경우: the + [29]_____/least + 원급 + of ~/in ~/among ~

· 최상급 강조 부사: [30]e_____, [31]b_____, [32]q_____
· the + [33]_____ + 최상급(~ 번째로 가장 -한)
  ex) the [34]_____ most popular dish(다섯 번째로 인기 있는 요리)
· the [35]_____이 가능한 최상급: 특정 범위 내에서 비교/대조하는 것이 아니라, '하나의' 사람/사물이 가
  진 성격/성질을 나타낼 경우

Answer 1/2 형용사, 부사 3 soon 4 possible 5 much 6 much 7 more 8 rather 9 less 10 -er 11 more 12 비교급 13 ~할수록 14 two 15 and 16 even 17 much 18 still 19 far 20 by far 21 superior 22 inferior
23 prefer 24 단수 25 복수 26 단수 27 단수 28 -est 29 most 30/31/32 even, by far, quite 33 서수 34 fifth 35 생략

01 병치 구문

· [1]〔____〕 접속사로 연결된 병치구문 ex) I want you to go there and to help him.

· [2]〔____〕 접속사로 연결된 병치구문 ex) I want not you but him.

· [3]〔____〕으로 연결된 병치구문 ex) He looks as comfortable with me as with Tina.

02 도치 구문

· 의문문 어순의 도치: 의문문의 구조(be동사/조동사/do동사 + 주어 + 동사)처럼 도치가 일어난다.

· 부정어에 의한 의문문 어순 도치

[4]〔____〕 결코 ~ 않다	[5]h〔____〕/scarcely/rarely/seldom/little 거의 ~ 않다
[6]〔____〕 어디에서도 ~ 않다 nor/neither ~도 역시 - 않다	
전치사 + no + 명사(at no time/on no account) = never 결코 ~ 않다 [7]〔____〕 더 이상 ~ 않다	
no sooner ~ than ~하자마자 -하다 not only ~일 뿐 아니라 [8]〔____〕 ~하고 나서야 비로소 -하다	

· 제한어 [9]〔____〕에 의한 의문문 어순 도치

ex) Only in this area can you find these rare pine trees.
　　오직 이 지역에서만 당신은 이 희귀한 소나무들을 볼 수 있다.

· [10]〔____〕에 의한 의문문 어순 도치

* '-도 (역시) 그러하다'의 도치
  ex) My friend passed the test, and [11]〔____〕 [12]〔____〕 I.
  　　내 친구는 시험을 통과했고, 나도 역시 그러했다.

* '[13]〔____〕 + 형용사/부사' (너무 ~해서 -하다)의 도치
  ex) [14]〔____〕 beautifully [15]〔____〕 she [16]〔____〕 that everybody was moved.
  　　그녀가 너무 아름답게 춤을 춰서 모두 감동받았다.

· 접속사 [17]〔____〕(처럼) / [18]〔____〕(-보다)에 의한 의문문 어순 도치 (S1 ≠ S2일 때만 도치!)
주절의 주어(S1)와 부사절의 주어(S2)가 서로 같지 않으면서, 부사절 접속사로 as나 than이 오면 도치가 일어날 수 있다.

ex) Lilacs only bloom for a short time, [19]〔____〕 [20]〔____〕 cherry blossoms.
　　벚꽃이 그러는 것처럼, 라일락은 짧은 시간 동안에만 핀다.

· 문장 형식에 따른 도치

1형식 문장의 도치	S + V + 부사/부사구(장소/방향/위치) → 부사/부사구(장소/방향/위치) + [21]〔____〕 + [22]〔____〕 (단, 장소를 나타내는 부사구 뒤에 콤마(,)가 오면 [23]〔____〕와 [24]〔____〕의 위치를 바꾸지 않는다.)
2형식 문장의 도치	① 2형식 문장의 주격 보어 자리의 형용사/분사를 문두에 강조하는 경우 S + V + S.C → S.C + [25]〔____〕 + [26]〔____〕 ② 양보의 부사절(though/as) 내의 보어를 문두에 강조하는 경우 Though(As) + S + be동사 + S.C → S.C + [27]〔____〕 + [28]〔____〕 + [29]〔____〕
5형식 문장의 도치	S + V + O + O.C → S + V + [30]〔____〕 + [31]〔____〕 긴 목적어 형용사

03 강조 구문

· 명사·동사 강조

* [32]〔____〕 : 명사·대명사 바로 뒤 또는 문장 맨 뒤에 써서 명사나 대명사를 강조
* [33]〔____〕 : 일반동사 앞에 써서 일반동사의 의미를 강조
* [34]〔____〕 : 명사 앞에 써서 명사 강조

Answer 1 등위 2 상관 3 비교 구문 4 never 5 hardly 6 nowhere 7 no longer 8 not until 9 only 10 so 11 so 12 did 13 so 14 so 15 did 16 dance 17 as 18 than 19 as 20 do 21 V[동사] 22 S[주어]
23/24 주어, 동사 25 V[동사] 26 S[주어] 27 though(as) 28 주어 29 be동사 30 O.C[목적격 보어] 31 O[목적어] 32 재귀대명사 33 do 동사 34 the very

 MEMO

해커스공무원
영문법
합격생 필기노트

초판 1쇄 발행 2024년 7월 5일

지은이	해커스 공무원시험연구소
펴낸곳	해커스패스
펴낸이	해커스공무원 출판팀

주소	서울특별시 강남구 강남대로 428 해커스공무원
고객센터	1588-4055
교재 관련 문의	gosi@hackerspass.com
	해커스공무원 사이트(gosi.Hackers.com) 교재 Q&A 게시판
	카카오톡 플러스 친구 [해커스공무원 노량진캠퍼스]
학원 강의 및 동영상강의	gosi.Hackers.com

ISBN	979-11-7244-207-1 (13740)
Serial Number	01-01-01

공무원 교육 1위,
해커스공무원(gosi.Hackers.com)

T 해커스공무원

- **해커스공무원 학원 및 인강**(교재 내 인강 할인쿠폰 수록)
- 해커스 스타강사의 **공무원 영어 무료 특강**
- **공무원 보카 어플, 단어시험지 자동제작 프로그램** 등 공무원 시험 합격을 위한 다양한 무료 학습 콘텐츠
- 핵심 포인트 퀴즈에 대한 상세한 해석 및 해설을 담은 **챕터별 퀴즈 해설**

한경비즈니스 2024 한국품질만족도 교육(온·오프라인 공무원학원) 1위